인문학으로 읽는 세상

최중녀

도서출판 두남

서문

Preface

우리는 왜 책을 읽는가?

우리는 왜 책을 읽어야 하는가?

책 속에는 등장하는 누군가의 삶과 그 삶을 그려내는 삶과, 그 삶을 읽어내는 삶이 있기에 우리는 읽는다. 읽음을 통해 어느 순간 빛을 발견하기도 하며, 통찰을 얻기도 한다. 그렇다고 인문학을 통해서 위대한 진리나 깨달음을 얻고자 하는 것은 아니다. 삶 속에서 파생되는 굴곡들 앞에서 인문학적 사유로 묻고, 생각하고, 대답하면서 나아가기 위해서다.

나의 삶을 바라보는 눈, 세상을 바라보는 눈은 그냥 뚝딱 만들어지지 않는다. 다양한 경험과 지식을 쌓으면서 나를 이해하고, 세상을 이해하며 만들어진다. 그걸 인문학이 가능하게 한다. 인문학은 인간의 삶, 사고 또는 인간다움 등 인간의 근원문제에 대해 탐구하는 학문이기 때문이다. 이 책에서 언급되는 작품들도 인문학적 시각으로 풀어나가고 있다. 인문학에 입문하는 독자들이 마음 편하게 장을 넘길 수 있도록 한 번쯤 읽어

봤을 작품, 들은 적이 있는 작품, 언젠가는 읽고 싶은 작품을 선정했다. 그래서 이 책은 책을 읽는 사람을 위한 것이기도 하고 책을 안 읽는 사람을 위한 것이기도 하다. 책을 읽는 사람에게는 또 다른 관점과 시각을 제공하여 돌아보기가 가능하다. 책을 안 읽는 사람에게는 각각의 작품 해설을 통해서 책을 바라보는 시각을 넓힐 수 있다.

이 책은 총 13장으로 구성되어 있다. 1장에서는 인문학이 왜 필요한지? 인문학이 무엇인지? 인문학 맛보기로 인문학에 대해 편하게 접근할 수 있도록 하였다. 2장에서는 인문학적 소양을 쌓기 위한 첫걸음으로 독서력 진단과 독서의 효율성을 높일 수 있는 독서법을 제시하였다. 3장부터 13장까지는 인문학에 입문하는 독자에게 익숙한 작품 11편이 그려지고 있다. 『어린 왕자』, 『변신』, 『사람은 무엇으로 사는가』, 『햄릿』, 『난장이가 쏘아올린 작은 공』, 『젊은 베르테르의 슬픔』, 『데미안』, 『광장』, 『총·균·쇠』, 『아큐정전』, 『멋진 신세계』는 학문적 요소는 최대한 배제하면서 각각의 주제를 중심으로 서술되어 있다. 작품에 대해 합리적이며 객관적인 해석에 주안점을 두었으나 주관적 요소의 개입을 장담할 수 없다. 그래서 어떤 독자는 작품에 대한 해석에 이견을 가질 수 있다고 생각한다. 같은 책을 읽어도 비슷한 생각인 경우도 있지만 완전히 다른 생각인 경우도 있다. 이는 누가 맞고, 누가 틀렸다가 아니다. 책을 읽는 이의 성향이나, 가치관, 성장 배경, 환경 등에 따라 같은 책을 읽어도 100가지, 1,000가지의 다양한 해석이나 평가가 나오기 때문이다. 그래서 각 장의 끝에는 독자들의 생각을 정리·확장할 수 있도록 3~4개의 질문의 ‘생각 쓰기’를 배치하였다.

이 책이 나오기까지 독서 고수님들의 도움이 컸다. 인문학 강의를 하면서 함께 한 독서 고수님 덕분에 시야가 넓게 확장되었기 때문이다. 또한, 이 책을 계기로 그동안 인문학 강의를 통해 만들어진 자료를 정리해서 2편, 3편도 꿈꾸게 되었다. 그리고 출판에 대해 적극적으로 지지하며 기획·출판까지 애써 주신 도서출판 두남에 진심으로 고마운 마음을 전하고 싶다.

저자 씀

차례

Contents

CHAPTER

1

인문학의 필요성

인문학으로 읽는 세상

Chapter 1

인문학의 필요성

나의 모습을 보려면 어떻게 해야 할까? 거울을 본다. 거울을 보면 나의 전신을 볼 수 있다. 그러면 거울에 비치는 자신의 모습 중 어디가 가장 먼저 눈에 들어오는가? 대부분 사람들은 평소 자신이 부족하다고 생각했던 부분이 먼저 눈에 들어온다. 예쁜 부분보다는 못난 부분에 주의를 기울인다. 즉, 우리는 자신을 바라볼 때 부족한 부분을 먼저 본다는 말이다. 그런 이유여서인지 모르나 거울의 어원은 '거꾸로'이다. 그래서인지 우리는 거울에 비친 나의 단편적인 모습만 보는 경우가 많다. 그 내면에 들어있는 모습을 보는 노력을 하지 못하는 경우가 많다. 그래서일까? 옷가게에 가면 요술 거울이 있다. 새 옷을 입고 요술 거울 앞에 서면 내 모습은 날씬하게 보이고 그로 인해 옷을 구매하게 된다. 요술 거울에 비친 나의 모습이 나라고 착각인 줄 알면서도 착각하는 것이다. 또한, 우리는 스마트폰에 저장된 자신을 멋있는 사람으로 꾸며 SNS에 올리기도 한다. 이처럼 현대를 살아가는 우리는 내면보다는 겉치장에만 집중하여 정말 중요한 것이 무엇인지 모르고 살아가고 있다.

순자는 "운명이란 닭장 속에 떨어진 매의 알과 같은 것이다. 스스로 닭처럼 평범하고 무료한 삶을 선택할 수 있고, 매처럼 힘찬 날갯짓을 하면서 일생을 살아갈 수도 있다." 했다. 이 말은 어떻게 살아가냐에 따라 나의 미래가 바뀐다는 말이다. 지금 나의 상황을 비난하거나 부정적으로 보는 것이 아니라 능력을 발휘해서 보다 밝은 미래를 만들어야 한다. 이를 위해서 우리에게 인문학이 필요하다.

1. 인문학이란 무엇인가?

문학과 인문학은 종종 혼용되어 사용되지만, 두 분야는 약간의 차이가 있다. 문학은 문학 작품을 연구하고 분석하는 학문이다. 문학 작품은 문학적 표현과 예술적 가치를 통해 인간의 경험과 감정을 탐구한다. 문학은 소설, 시, 연극, 수필 등 다양한 장르의 작품을 다루며, 작품의 구조, 주제, 인물, 문체 등을 분석한다.

반면에 인문학은 인간의 사상과 문화를 탐구하는 학문 분야이다. 인문학은 역사, 철학, 종교, 언어, 문학 등을 포함하며, 인간의 존재, 가치, 도덕, 사회, 문화 등에 대한 깊은 이해와 질문을 제기한다. 인문학은 인간의 삶과 인간성에 대한 폭넓은 이해를 추구한다. 나의 삶의 본질을 알고 싶으면 인문학을 해야 한다. 다음 글은 인문학이 무엇인지? 왜 필요한지? 알려주는 일화이다.

1920년대, 장제스 장군이 중국을 통일하기 위해 혁명군을 일으켜 전쟁을 벌이던 때의 이야기이다. 한번은 중국 본토에서 싸움을 벌이던 장제스의 군대가 전쟁에서 크게 패하여 남쪽에 있는 대만으로 도망을 갔다. 서양문물을 일찍 받아들인 대만에는 그때 벌써 수도시설을 갖추어서 집 안에서 수돗물을 쓰고 있었다. 군인들은 틈기만 하면 물이 콸콸 쏟아지는 수도꼭지를 보고 매우 신기해했다.

한 군인이 수돗물을 쓰고 있는 할머니에게 물었다.

"그게 뭡니까?"

"이거 말이우? 수도꼭지라우. 이렇게 돌리면 물이 쏟아져 나온다우."

"어딜 가면 그걸 구할 수 있습니까?"

"시내에 있는 철물점에서 팔지."

군인들은 앞으로 우물물을 길어다 쓰지 않아도 된다는 생각에 우르르 철물점으로 달려가 수도꼭지를 사다 벽에 붙였다. 그런데 아무리 꼭지를 이리 돌리고 저리 돌려 봐도 물이 나오지 않았다.

"이것 봐! 아무리 돌려도 물 한 방울 나오지 않아."

"나도 마찬가지야."

"장사꾼에게 속은 거 아냐?"

"맞아! 우리가 본토에서 왔다고 우리를 속여 먹은 게 틀림없어."

"가만두지 않겠어. 진격이다!"

군인들은 일제히 철물점으로 달려가 총을 겨누고 주인을 위협하는 황당한 사건을 벌이고 말았다.

– 굿뉴스데일리(http://www.gndaily.kr) 2013.01.09.

수도꼭지에서 물이 나오게 하려면 눈에 보이지 않는 배관 시설이 있어야 한다. 눈에 보이지 않는 배관 시설이 수도꼭지에 연결이 되었을 때만 수도꼭지는 제 역할을 할 수 있다.

POSCO NEWSROOM '수돗물 걱정? 우리에겐 스테인리스가 있다 〈상수도관 편〉' 2019.07.17.

배관 시설처럼 눈에는 보이지 않아도 꼭 필요할 때 활용할 수 있는 것이 바로 인문학이다. 우리 삶에서 인문학이 없다는 것은 배관 시설이 없다는 말이다. 어떤 문제 상황에서 해답을 찾을 수 없다는 말이다. 인문학은 내가 누구인지? 나는 어떤 가치를 추구하며 살아가야 하는지? 나를 둘러싼 주변 환경은 어떤지? 긍정적 환경을 조성하려면 어떻게 해야 하는지? 등에 고민하고 해결점을 찾고 성장할 수 있도록 이끌어준다. 그러기에 우리 삶에서 인문학은 무엇보다 중요하다.

2. 객관성의 양면성

객관성은 과학, 철학, 인문학 등 다양한 분야에서 중요한 개념이다. 객관성은 주관적인 편견이나 영향에서 벗어나 중립적이고 일관된 방식으로 사물이나 현상을 관찰하고 판단하는 능력을 의미한다. 객관성은 진실을 발견하고 정확한 판단을 내리는 데 도움을 준다. 객관적인 관찰과 실험은 과학의 핵심이며, 객관적인 분석과 추론은 철학과 인문학에서 중요한 역할을 한다. 다른 한편으로는 객관성은 주관적인 편견이나 영향을 완전히 배제할 수 없다는 점에서 한계가 있다. 개인의 선입견, 문화적 배경, 사회적 상황 등은 객관성을 저해할 수 있는 요소가 된다. 또한, 객관적인 판단이 항상 옳은 것은 아니며, 주관적인 관점과 경험도 중요할 수 있다. 따라서 인문학이란 학문을 통해서 객관적이며 논리적인 해석을 할 수 있도록 사고의 깊이를 확장할 필요가 있다.

〈비슈겐타인의 오리-토끼〉

오리-토끼 착시 그림은 유명한 착시 현상 중 하나로, 오리처럼 보이기도 하고 토끼처럼 보이기도 한다. 이 그림은 하나의 그림이 여러 가지로 해석될 수 있다는 것을 보여준다. 이는 우리가 어떤 시각적인 정보를 받아들이는 것이 주관적이며, 개인의 경험과 선입견에 따라 다르게 해석될 수 있다는 것을 보여준다. 즉, 우리가 보는 것이 객관적으로 존재하는 것이 아니라, 우리의 주관적인 해석과 결합해서 형성된다는 것이다. 또한, 이 그림은 우리가 어떤 정보를 받아들이는 것이 얼마나 복잡한 과정인지를 보여준다. 어떤 정보를 받아들이는 것이 단순히 시각적인 정보뿐만 아니라, 경험과 선입견, 그리고 어떤 상황에서 이 정보를 받아들이는지에 따라 다르게 해석될 수 있다는 것을 보여준다.

우리가 보는 것은 있는 그대로가 아니라 해석을 본다. 예를 들어 사랑을 고백할 때 장미꽃을 선물하고 부모님과 선생님께 감사의 의미로 카네이션을 드린다. 사람들은 장미꽃은 '사랑', '카네이션'은 '감사'의 의미를 부여하고 해석하여 일상에서 활용한다. 반대로 해석이 되지 않는 것은 의미 없는 형체가 된다. 예를 들어 클래식 음악을 모르는 사람이 유명한 연주회를 갔다. 그는 들려오는 연주에 감흥을 느낄까? 아마 잠을 부르는 연주로 들렸을 것이다. 그리고 연주회가 끝난 후 들은 음악을 잘 기억하지 못할 것이다. 이처럼 관심과 초점이 분명하지 않다면 의미 있는 존재가 될 수 없다. 이처럼 인문학은 의미 없는 형체에서 의미 있는 형체 찾기를 할 수 있도록 도움을 준다. 의미 있는 형체 찾기란 우리가 경험하는 파편화된 지식과 정보를 체계적·비판적으로 검토하는 기회를 준다. 인문학은 인생에서 직면하는 여러 문제나 의문을 스스로 해결할 수 있는 힘을 기를 수 있고 인간에 대해 더 폭넓게 이해할 수 있게 된다.

3. 인문학 맛보기

우리는 인문학책이라고 하면 먼저 부담감을 느끼는 경우가 많다. 두껍고 어려운 책이 인문학이라고 생각하기 때문이다. 하지만 그렇지 않다. 시, 수필, 동화 등의 작품들이 인문학 대상이라고 할 수 있다. 인문학은 작품을 다양한 시각으로 바라보게 한다.

원작 : 한스 크리스티안 안데르센, 엮음 : 선 안나, 그림 : 유 진, 두산동아

안데르센의 『인어공주』는 동화이다. 기존에 갖고 있던 『인어공주』에 대한 시각을 인문학 시각으로 바라보자.

> 인어공주는 인간들의 세계에 동경을 품고 있었다. 어느 날 인간 왕자를 만나 사랑에 빠지게 된다. 그러나 인어공주는 인간과 다른 존재이기 때문에, 그녀의 사랑은 이루어질 수 없었다. 인어공주는 마녀에게 목소리를 주고 다리를 얻게 된다. 왕자와 함께 하는 기회를 얻었으나 결혼은 하지 못한다. 왕자가 다른 나라의 공주와 결혼했기 때문이다. 언니들이 마녀에게 머리카락을 팔아 생명을 구할 수 있는 마지막 방법을 찾아낸다. 동이 트기 전까지 마녀의 칼로 왕자를 찔러 죽이면 다시 인어의 모습으로 돌아오는 것이었다. 하지만 그녀는 왕자를 찌르지 못하고 물거품으로 사라지면서 공기의 정령이 된다.

독자들은 이룰 수 없는 인어공주의 사랑에 마음 아파하며 한스 크리스티안 안데르센을 동화의 아버지라고 부른다. 그런데 인어공주에 맞춰진 초점을 안데르센에게로 돌리면 새로운 작품이 된다. 안데르센은 양성애자였다. 지금도 그렇지만 안데르센이 살던 시대에서 양성애자는 사회적 박해를 받았다. 아마 안데르센이 훌륭한 작가였더라도 양성애자라는 사실을 밝혔다면 사회적 매장을 당하지 않았을까? 이러한 관점에서 『인어공주』를 다시 바라보자. 실제 이 작품은 작가가 오랫동안 짝사랑해왔던 친구 에드워드 콜린이 결혼한다는 소식에 상실감을 가지고 집필한 동화다. 에드워드 콜린은 '우정'의 시선으로 안데르센은 '사랑'의 시선으로 서로를 바라보았다. 인어공주는 안데르센이고, 왕자는 에드워드 콜린이라고 할 수 있다. 그리고 인어공주가 왕자와 만나기 위해 다리를 얻는 대신 목소리를 주게 된다. 여기서 목소리란, 본인의 생각을 표현할 수 없다는 것을 뜻한다. 양성애자라는 사실, 에드워드를 사랑한다는 사실을 공개적으로 표현할 수 없는 현실을 그리고 있다. 또한, 인간과 다른 '인어' 설정은 성소수자를 표현하고 있다. 왕자 옆에 있으면서도 걸을 때마다 날카로운 칼날로 찌르는 듯한 고통은 이룰 수 없는 사랑의 아픔을 그리고 있다. 그렇지만 안데르센은 분신인 인어공주를 공기의 정령이 되어 왕자를 축복하는 긍정적인 모습으로 그렸다. 작가로서 아픈 경험을 작품으로 승화한 안데르센은 『인어공주』로 이름이 널리 알려지게 되었다. 안데르센의 삶과 결부해서 다시 읽는다면 인어공주의 슬픈 사랑을 구구절절 느낄 수 있을 것이다. 이처럼 작품을 읽을 때 작가의 삶을 먼저 알아보고 읽으면 좋다. 작가의 의도, 작품의 의미 등을 알 수 있기 때문이다.

4. 인문학적 해석

안데르센의 작품 대부분은 작가의 삶과 관련이 많다. 『눈의 여왕』인 경우에는 아버지는 나폴레옹의 군대에 입대해서 전쟁에 참전 후 정신질환을 앓다가 그가 열한 살이 되던 해 사망하게 된다. 충격과 슬픔에 힘들어하는 안데르센에게 어머니는 "눈의 요정이 아버지를 데려갔다." 말해 주어서 작품의 토대가 되었다. 『성냥팔이 소녀』는 아버지가 돌아가신 후 어려운 가정 형편으로 안데르센은 어린 나이에 공장에서 일했고, 어머니는 빨래를 대신 해주는 일을 했다. 그리고 어머니는 가족을 굶기지 않으려고 이따금 구걸까지 했다고 한다. 안데르센은 어려웠던 시절 어머니의 모습을 떠올리며 이 작품을 썼다고 한다.

원작 : 한스 크리스티안 안데르센, 글 : 이지현, 정승환, 그림 : 웅진씽크하우스

몹시 추운 12월 31일 밤, 한 소녀가 맨발에 얇은 옷을 입고 추위에 떨며 거리에서 성냥을 팔고 있었다. 성냥이 다 팔리기 전까지는 집에 돌아갈 수 없었다. 성냥을 팔지 못하면 아버지에게 매를 맞았기 때문이다. 그러나 거리를 지나가는 사람들은 아무도 사 주지 않고 무심하게 지나간다. 어느 집의 창문 안쪽에 다정한 가족들이 따뜻한 난로를 피우고 맛있는 음식과 칠면조를 먹으며 행복해하는 모습을 보며 부러워한다. 너무나 추운 소녀는 성냥에 불을 붙였다. 성냥에 불이 켜지자 따뜻한 난로, 근사한 거위 구이 요리, 크리스마스트리 등의 환상이 나타났다. 하지만 성냥불이 꺼지자 사라지고 만다. 그때 하늘에서 별똥별이 떨어지는 모습을 본 소녀는 할머니가 "별똥별은 누군가가 죽어가는 것을 상징한다."라고 말한 것을 떠올린다. 성냥에 다시 불을 켜자 소녀를 사랑했던 할머니의 환영이 나타났다. 불꽃이 사라지면 할머니도 사라지는 것을 두려워한 소녀는 갖고 있던 성냥에 모두 불을 붙였다. 할머니의 모습은 밝은 빛에 휩싸이면서 소녀를 부드럽게 끌어안으며 천국으로 데리고 간다. 새해 첫날 아침, 소녀는 행복한 미소를 지으면서 죽어 있었다. 그 광경을 본 사람들은 도와주지 않은 자신들이 어리석었다고 자책하면서 소녀를 위해 기도를 하고 나서 눈물을 흘렸다.

이 동화는 다시 읽어도 슬픈 결말로 독자들을 슬프게 한다. 『성냥팔이 소녀』를 인문학적으로 냉정하게 해석하면 개인 문제, 사회 문제, 국가 문제로 나눌 수 있다.

먼저, 개인 문제에서 소녀는 성냥을 적절하게 활용하지 못했다. 소녀의 죽음 원인은 동사(凍死)이다. 추위에 떨다가 사망하게 된 것이다. 그런데 소녀에게는 추위를 피할 수 있는 성냥이 있었다. 그 성냥으로 모닥불을 피웠다면 사망에 이르지 않았을 것이다. 소녀는 추위를 해결할 수 있는 성냥을 가지고도 활용할 수 있는 방법을 몰랐다. 또 하나는 혼자 힘으로 해결이 어려우면 누군가에게 도움을 요청해야 한다. 다수에게 단순히 "성냥 사세요."할 것이 아니라 특정인(개인)에게 다가가서 성냥을 사 달라고 부탁을 해야 했다. 12월 마지막 밤에 어린 소녀가 맨발에 얇은 옷을 입은 채로 다가와서 성냥을 사 달라고 부탁하면 누가 거절할 수 있을까? 아마 거기서 더 나아가 보호시설로 소녀를 데리고 갔을 수도 있다. 즉, 소녀는 현실을 해결할 능력이 부족했다.

다음은 사회 문제이다. 성냥을 누군가 사 주었다면 소녀는 집으로 돌아갈 수 있었다. 한겨울에 맨발로 얇은 옷을 입고 성냥을 팔고 있는 소녀에게 관심을 보여주었다면 상황은 달라졌을 것이다. '누군가 성냥을 사 주겠지'하는 사회적 방관적 자세와 무관심이 문제였다.

마지막으로 국가 문제이다. 어린 소녀는 아버지와 사는 한부모 가정이면서 빈곤 계층이다. 소녀는 돌봄이 거의 없는 방임 상태이며 성냥팔이를 나설 정도로 빈곤 가정이다. 또한, 추위로 집에 가고 싶어도 아버지의 폭력이 무서워 가지 못한다. 국가가 한부모 가정에 대한 관리 부실, 가정 폭력에 대한 무관심, 빈곤 계층에 대한 지원 부실이 문제였다.

이처럼 동화를 가지고도 다양한 인문학적 시각을 가질 수 있다. 나아가 성냥팔이 소녀와 같은 일이 다시 일어나지 않기 위해서는 어떻게 해야 할까? 고민과 해결책을 찾을 수도 있다.

책들

– 헤르만 헤세

이 세상의 모든 책들이
그대에게 행복을 가져다주지는 않는다.
하지만 남몰래 가만히 알려주지
그대 자신 속으로 돌아가는 길을

그대에게 필요한 것은 모두 거기에 있지
해와 달과 별
그대가 찾던 빛은
그대 자신 속에 깃들어 있으니

그대가 오랫동안 책 속에 파묻혀
구하던 지혜
펼치는 곳마다 환히 빛나니
이제는 그대의 것이리.

CHAPTER 2

인문학 읽기를 위한 첫걸음

인문학으로 읽는 세상

Chapter 2 인문학 읽기를 위한 첫걸음

1. 인문학적 소양

인문학적 소양은 인간이나 인간과 관련된 다양한 주제에 대해 깊이 있는 이해와 사고력을 갖춘 것을 말한다. 또한, 문학, 역사, 철학, 예술, 문화 등 다양한 분야의 지식과 이해를 바탕으로 인간과 사회에 대한 통찰력을 키우는 것을 의미한다.

세계 최대 IT 기업에 근무하는 직원의 많은 수가 예상과 달리 이공계가 아닌 인문사회 분야 전공자가 많다. 페이스북의 창업자 마크 저커버그도 고전문학과 인문학 마니아로 유명하다. 인문학적 소양의 중요성을 간파한 사람은 철학을 전공한 애플의 스티브 잡스이다. 그는 공식 석상에서 "창의적인 제품을 만든 비결은 우리가 항상 기술과 인문학의 교차점에 있었기 때문이다."라고 애플의 성공 비결을 밝혔다. 혁신적인 아이디어와 제품으로 세상을 바꾸고, 경제를 이끄는 IT산업 발전에 있어 인문학적 상상력과 소양이 필수적 요소로 작용했다.

인문학적 소양을 강화해야 하는 이유는 다양하다. 여기에는 몇 가지 주요한 이유가 있다.

① **창의적 사고력 강화**: 인문학은 다양한 문명과 문화, 인간의 경험에 대한 이해를 제공한다. 이를 통해 다양한 관점에서 문제를 바라보고 창의적인 해결 방안을 도출할 수 있다.

② **공감과 이해력 향상**: 인문학은 인간의 감정, 가치, 신념 등에 대한 이해를 증진한다. 이를 통해 다른 사람들과 공감하고 소통하는 능력을 향상시킬 수 있다.

③ **자기 인식과 성장**: 인문학은 자기 인식과 성장에 도움을 준다. 인간의 본성과 가치에 대한 탐구를 통해 자아를 발견하고 자기 인식과 성숙을 도모할 수 있다.

④ **직업적 성공**: 인문학적 소양은 직업적 성공에도 도움이 됩니다. 인문학은 커뮤니케이션, 비판적 사고, 문제 해결 등의 능력을 강화한다. 이는 다양한 직업 분야에서 필요한 역량이다.

⑤ **인간적인 삶의 풍요로움**: 인문학은 삶의 풍요로움을 더해준다. 예술, 문학, 철학 등을 통해 인간의 감정과 경험을 탐구하고, 삶의 의미와 가치를 발견할 수 있다.

⑥ **사회적 참여**: 인문학은 사회적 문제에 대한 이해와 비판적 사고를 촉진한다. 이를 통해 사회적 참여와 변화를 이끌어낼 수 있다.

따라서 인문학적 소양은 개인의 사고력과 창의성을 향상시켜 다양한 상황에서 문제를 해결하고 협력하는 데 도움이 된다. 또한, 인간과 사회에 대한 깊은 이해와 공감을 통해 더 나은 세상을 만들어 나가는 데 중요한 역할을 한다.

인문학적 소양을 강화하려면 어떻게 해야 할까?

① **독서**: 다양한 분야의 책을 읽는다. 역사, 철학, 문학, 예술 등 인문학적인 주제를 다루는 책을 선택하면 좋다.

② **예술 감상**: 미술관, 박물관, 연극, 음악회 등 다양한 예술 경험을 통해 감정과 감각을 발전시킬 수 있다.

③ **토론과 대화**: 다른 사람들과 의견을 나누고 토론하는 것은 인문학적 소양 향상에 좋은 방법이다. 다양한 주제에 대해서 의견을 나누며 다른 시각을 이해할 수 있다.

④ **여행**: 다른 문화와 사회를 경험하는 것은 인문학적 소양을 넓히는 좋은 방법이다. 다양한 나라를 여행하면 다른 문화와 관습을 배울 수 있다.

⑤ **강의와 워크숍**: 대학이나 문화 센터에서 제공하는 인문학 강의나 워크숍에 참여한다. 전문가들의 지식과 경험을 배울 수 있다.

⑥ **자기 성찰**: 인문학은 자기 성찰을 장려한다. 자신의 가치관, 신념, 경험 등을 돌아보고 깊이 생각해보는 시간을 가진다.

인문학적 소양을 강화하는 것은 지속적인 노력과 호기심이 필요하다. 다양한 경험을 통해 세계를 탐험하고, 인간과 사회에 대한 깊이 있는 이해를 추구해보자.

2. 나의 독서력 진단

> "요즘 무슨 책 읽어요?"라고 물었을 때 선뜻 대답할 수 있는 사람, 그리고 그 책에 대해 서로 대화할 수 있는 사람과의 만남은 풍요로운 영혼의 교류를 보장할 것이다.
>
> – 박민영, 『책 읽는 책』

이 글처럼 풍요로운 영혼의 교류를 원한다면 책을 읽어야 한다. 책을 읽는다고 읽는 것이 아니다. 인문학적 소양을 강화를 위해 효율적인 독서를 하려면 먼저 나의 독서력에 대해서 알아야 한다. 독서 자가진단표로 나의 독서력을 알아본다.[1)]

1) 임성미, 공부 근육 키우는 독서법, 『꿈결』, 2017. 58-101. 참조

1. 독서 자신감 진단

아래 문항을 읽고 '예' 또는 '아니오'로 답해 보세요. 그리고 '예'로 답한 문항의 개수를 세어 아래 빈칸에 적어 보세요.	예	아니오
1. 나는 책을 잘 읽는 독자라고 생각한다.		
2. 마음만 먹으면 좀 두껍고 어려운 책도 끝까지 읽어낼 자신이 있다.		
3. 내 주변 사람들은 내가 책을 잘 읽는다고 생각한다.		
4. 내가 좋아하는 분야의 책이 아니어도 일단 호기심을 가지고 읽어 보려고 한다.		
5. 나는 다른 사람들보다 더 잘 읽는다고 생각한다.		
6. 책을 잘 읽는 여러 가지 방법을 알고 있으며, 때때로 적용한다.		
7. 책을 읽다가 잘 모르면 다른 사람들에게 물어보면 된다고 생각한다.		
8. 나는 주변에서 아무리 시끄럽게 해도 꿋꿋이 책을 읽을 줄 안다.		
9. 나는 읽기를 즐긴다.		
10. 나는 주변 사람들에게 책을 잘 읽는다는 말을 자주 듣는 편이다.		

나는 _______개 문항에 해당한다.

독서 자신감 진단 및 평가

* 0~3개: 자신감이 부족하네요. 우선 가볍고 쉽게 읽을 수 있는 책부터 천천히 읽어 보세요. 그리고 흥미가 있는 분야의 책을 읽어나가면서 독서에 자신감을 붙여보세요.

* 4~7개: 조금만 노력을 하면 자신감이 높아져 멋진 독자가 될 수 있을 거예요.

* 8개 이상: 자신감이 높은 당신, 부러워요. 이제 그 자신감을 가지고 다양한 책들을 열심히 읽어 보세요. 읽어 낼 수 있다는 자신감과 도전 정신만 있으면 조금 어렵고 까다로운 책들도 읽어 낼 수 있을 거예요.

2. 독서 태도 진단

아래 문항을 읽고 자신의 생각에 일치되는 정도를 표시한 다음, 그 점수를 합산해 퍼센트로 환산해 보세요.

(1점: 전혀 그렇지 않다. / 2점: 보통이다. / 3점: 대체로 그렇다. / 4점: 매우 그렇다.)	1점	2점	3점	4점
1. 나는 때때로 읽기를 멈추고 싶지 않을 만큼 읽기에 푹 빠진다.				
2. 나는 낯설고 어려운 책을 보면 궁금하여 더 읽고 싶다.				
3. 나는 내가 읽은 책이나 글에 대해 가족이나 친구들과 이야기하는 것을 좋아한다.				
4. 나는 책을 선물로 받으면 좋다.				
5. 나는 혼자 책을 읽는 시간을 자주 갖는다.				
6. 관심 가는 것이 있으면 그것에 대한 책을 찾아 읽는다.				
7. 내가 좋아하는 저자가 쓴 책은 한 권 이상 읽는다.				
8. 나는 책을 읽을 때 기분이 좋다.				
9. 나는 책의 저자나 책 속에 나오는 인물과 마음이 통하는 것처럼 느낀다.				
10. 나에게 읽을 수 있다는 것은 중요하다.				

내 합산 점수는 ______점이고 ______퍼센트에 해당한다.

독서 태도 진단 및 평가

* **점수 계산 방식**: 40점 만점을 기준으로 내가 얼마의 점수를 획득했는지 퍼센트로 계산한다.

$$\frac{\text{점수}}{40}\times 100=?$$

* 50% 이하로 나왔다면 노력이 필요한 독서 태도이다.
* 50~79%는 보통의 독서 태도이다.
* 80~100%는 좋은 독서 태도이다.

3. 독서 동기 진단

다음 인물들이 책에 대해 하는 말을 읽고, 그 가운데 내 생각과 가장 비슷한 사람을 골라 보세요.

민호: 책을 읽으면 살아가는 데에 쓸모가 있을 것 같아.

예진: 책이란 인생을 살아가는 지혜를 얻으려고 읽는 거야.

민호: 책을 읽으면 성공하는 데에 도움이 될 거야.

지석: 책을 읽으면 현실의 고달픔을 잠시 잊을 수 있어.

민호: 책을 읽으면 성적을 높이거나 자격 시험을 보는 데 도움이 된다니까.

지석: 나는 책이 그냥 재미있어서 읽는데.

민호: 책을 통해 많은 정보를 얻을 수 있잖아.

예진: 나는 책을 읽으면 인생을 어떻게 살 것인지 가치관을 세우는 데 도움이 된다고 생각해.

민호: 책을 읽으면 아는 것이 많아져서 인기가 높아질걸.

예진: 책을 통해 살아갈 용기와 희망을 얻는다고 생각해.

나는 ________와 비슷한 점이 많다.

독서 동기 진단 및 평가

* 민호: 실용적인 목적으로 책을 읽는 사람
* 예진: 철학적인 이유로 책을 읽는 사람
* 지석: 오락적인 이유로 책을 읽는 사람

** 진짜 독서의 고수는 위의 열 가지 이유를 다 가지고 있다.

4. 독서 습관 진단

나의 독서 방법에는 어떤 문제가 있는지 표시해 보세요. 7개 이상 해당한다면 지금의 독서 습관에 개선이 필요한 시점입니다.

1. 어떤 책을 읽어야 할지 모르겠다.	
2. 책을 읽어도 무슨 내용인지 잘 모르겠다.	
3. 읽고는 싶은데 막상 읽으려면 부담스럽다.	
4. 베스트셀러만을 찾아본다.	
5. 끝까지 읽는 책보다 못 읽은 책이 더 많다.	
6. 읽지 않은 책이 가득한데 또 책을 산다.	
7. 한 번 읽은 책은 다시 읽지 않는다.	
8. 책을 읽어도 삶에 변화가 없다.	
9. 책을 빨리 읽어야 한다는 조급함이 있다.	
10. 책을 읽으면서도 질문이 생기지 않는다.	

나는 ______개 문항에 해당된다.

5. 독서 방법 진단

1. 나는 책을 읽기 전에 제목을 보고 내가 알고 있는 내용을 미리 떠올려 본다.	
2. 차례와 소제목, 전체를 훑어보며 무슨 내용일지 예측해본다.	
3. 책을 읽기 전에 궁금한 것을 질문해 본다.	
4. 지은이 또는 작가에 대해 꼭 읽어본다.	
5. 머리말을 반드시 읽는다.	
6. 책을 읽으면서 중요하다고 생각하는 부분에 밑줄을 긋는다.	
7. 낯선 어휘를 만나면 사전에서 찾아보고 그 뜻을 이해하면서 읽는다.	
8. 필요한 경우 노트에 필기하면서 읽는다.	
9. 읽으면서 중요한 생각이 떠오르면 책의 여백에 기록하면서 읽는다.	
10. 지식을 습득하기 위한 책은 읽은 후에 무엇을 알게 되었는지 정리하거나 떠올려 본다.	
11. 책을 다 읽은 후에는 요점이나 결론을 노트에 정리한다.	

독서 방법 진단 및 평가

* 최소한 여덟 개 이상의 항목을 실천하고 있으면 독서 방법이 좋다.
* 여덟 개 이하라면 독서 방법을 점검해 보아야 한다.
* 독서 방법에 맞추어 읽는 습관을 길러 보자.

6. 독서 이해력 진단

아랫글을 주의 깊게 읽어 봅시다.

인류의 가장 비열한 무기는 '소년병'…阿洲 최악

– 경향신문 2007.04.30.

가장 비열한 전쟁에 가장 완벽하게 어울리는 무기는 무엇일까? AK47소총, M16소총, 대인지뢰, 독가스……. 아니다. 뉴욕타임스(NYT)가 꼽은 정답은 소년병이다. NYT는 29일 소년들을 전쟁에 동원하는 추악한 실태를 고발하는 기사를 실었다. NYT는 "인권 단체들은 오늘날 전 세계에서 적어도 30만 명의 소년이 군인으로 징집된 것으로 보고 있다."고 전했다. 유엔은 2000년 18세 미만의 병사를 소년병으로 공식 규정한 바 있다. 소년병이 많은 지역은 단연 아프리카다. NYT는 내전이 벌어지고 있는 소말리아 · 콩고민주공화국(옛 자이르) · 우간다를 특히 소년병이 대거 동원된 곳으로 지목했다.

소말리아는 지난달 수도 모가디슈에서만 1000여 명이 숨지는 내전을 치렀다. 참전한 군인 중 상당수는 16세 미만의 소년들이었다. 아프가니스탄 등 아시아 일부도 소년병이 존재하는 곳으로 꼽힌다.

국제사회는 현대적 개념의 소년병이 1980년대 초반 아프리카 모잠비크 저지대 지역에서 처음 생겨난 것으로 보고 있다. 내전에서 반군 측이 먼저 쓰기 시작한 소년병은 곧 정부군으로 확산되고, 전 세계 곳곳으로 순식간에 퍼져 갔다.

NYT는 "쉽게 조종할 수 있고, 충성심이 강하고, 겁이 없고, 무엇보다 너무나 쉽게 충원될 수 있다는 점이 소년병들을 '완벽한 무기'로 만든 이유"라고 설명했다. 반군이나 정부군은 처음에는 납치를 한 후 심한 구타와 협박을 통해 소년병을 만들었다. 물론 지금도 이 방법은 소년병을 충원하는 가장 기본적인 수단이다.

그러나 내전이 장기화된 지역에서는 제 발로 군대를 찾아와 자원하는 소년들도 적지 않다. 전쟁으로 많이 생겨난 고아와 부모와 헤어진 아이들은 앉아서 굶어 죽느니, 군대에 가면 최소한의 먹을 것은 해결할 수 있다는 심정으로 자원입대를 하고 있다.

반군과 정부군 지휘관들은 소년들이 성인과 달리 복무에 대한 보수를 거의 원하지 않는다는 점에 끌려 소년병 숫자를 늘려갔다. 또 개인화기 등 무기가 가벼워지고 다루기 쉬워졌다는 점도 소년병들을 확산시킨 요인 중 하나로 지목된다.

국제인권단체들은 소년병에 대해 "투표하기에는 너무 어리지만 살인하기에는 충분한 나이"라고 부른다. 시에라리온 등에서 소년병들은 성인들보다 훨씬 잔인한 방법으로 반대세력을 살해하고 있다.

병영에 발을 디딘 소년들의 인생은 대부분 비극으로 끝난다. 소년들은 짐을 나르거나 전령 혹은 스파이로 군 생활을 시작해 내전의 와중에서 짧은 생을 마감하는 경우가 많다.

그렇지 않으면 심한 부상이나 대량 학살에 관여했다는 죄책감을 안고 평생을 살아가야 한다. 소년병의 지휘자들은 전투는 용감하게 하면서도 무조건 복종하게 하기 위해 마약을 먹이는 경우도 잦아 소년병들의 정신까지 망치고 있다. 국제사회는 지난 2월 유엔아동기금(UNICEF) 등의 후원으로 프랑스 파리에서 회의를 열고 소년들이 군인으로 징집되는 것을 막도록 하는 '파리 서약'에 서명했다. 그러나 지구상에서 '소년병'이라는 비극적인 단어가 사라지도록 하자는 국제사회의 노력이 결실을 볼 수 있을지는 여전히 미지수이다.

■ 회상 능력 진단 ■

윗글을 보지 않고 읽은 내용을 떠올려 본다. 순서에 따라 기억나는 것을 적어도 되고, 그냥 떠오르는 대로 적어도 된다.

※ 원문을 다시 보면서 회상한 내용이 몇 문장이나 일치하는지 확인하다.
원문의 문장(28개) 중에 정확하게 회상한 문장은 ________ 개

점수 계산법: $\frac{\text{맞힌 개수} \times 100}{28}$ = ________ 점

※ 주의사항
점수는 스스로 얼마나 정확하게 기억했는가에 따라 매긴다. 다른 사람과 비교할 필요가 없으니 솔직하게 점수를 매기면 된다.

■ 이해 능력 진단 ■

※ 내용을 보지 말고 다음 질문에 답하시오.

1) 유엔이 공식적으로 규정한 소년병의 나이는 몇 살인가?

2) 〈뉴욕타임스〉에서는 무엇이 소년병들을 완벽한 무기로 만들었다고 말하고 있는가?

3) 내전이 장기화된 지역에서 제 발로 군대를 찾아와 자원하는 소년들도 적지 않은 이유는 무엇인가?

4) 반군과 정부군 지휘관들이 소년병을 늘린 이유는 무엇인가?

5) 소년병들이 성인들보다 훨씬 잔인한 방법으로 반대 세력을 살해하는 이유는 무엇일까?

6) 내전이 일어나는 이유는 무엇이고, 유엔을 비롯한 국제사회가 왜 소년병의 문제에 관심을 가지고 도움을 주어야 한다고 생각하는가?

7) 후유증으로 고통을 겪고 있는 소년병들을 위해 구호 단체 등이 구체적으로 어떤 일을 할 수 있을지 적으시오.

위의 일곱 개 질문 가운데 1)부터 4)까지는 사실 이해에 관한 질문이고, 5)부터 7)까지는 추론하거나 해결책을 떠올려 답하는 질문이다.
〈정답은 다음 장에〉

총 일곱 개 중 맞힌 수는 ________개 __________점

※ 주의사항 6), 7) 문항은 응답자에 따라 대답이 다를 수 있으나, 각자 생각해 볼 때 모범 답안과 얼마나 유사한가를 고민하면서 점수를 매긴다.

진단 및 평가
회상 능력과 이해 능력에서 70점이 넘었다면 평균의 독서 수준을 가지고 있다. 그러나 70점 이하이면 독서 수준이 낮다. 그러나 독서 수준은 꾸준한 독서로 독서 능력을 향상시킬 수 있다.

〈정답〉

1. 유엔은 2000년 18세 미만의 병사를 소년병으로 공식 규정한 바 있다.
2. 쉽게 조종할 수 있고, 충성심이 강하고, 겁이 없고, 무엇보다 너무나 쉽게 충원될 수 있다는 점이다.
3. 전쟁으로 많이 생겨난 고아와 부모와 헤어진 아이들은 앉아서 굶어 죽느니, 군대에 가면 최소한의 먹을 것은 해결할 수 있다는 심정으로 자원입대를 하고 있다.
4. 소년들이 성인과 달리 복무에 대한 보수를 거의 원하지 않는다는 점에 끌려 소년병 숫자를 늘려갔다. 또 개인화기 등 무기가 가벼워지고 다루기 쉬워졌다는 점이다.
5. 소년들은 쉽게 흥분하고 충동적인 시기에 있으며, 아직 이성적으로 상황을 인식하기보다 맹목적인 교육과 훈련에 의해 조종당하기 쉽기 때문이다.
6. 아프리카 일부 지역에서 일어나는 내전은 정권을 잡으려는 군부 세력들간의 충돌로 인해 벌어진다. 또 민족 간의 분쟁도 있다. 소년병들을 돕는 것은 국경을 떠나서 인도적 차원에서 당연히 해야 할 일이다. 고통받고 있는 아이들을 외면하는 것은 일종의 범죄이다.
7. 소년병들의 재활을 돕기 위한 상담 치료 센터와 교육 시설이 필요하고, 살아갈 수 있는 생활 기반을 만들어 주어야 할 것이다.

7. 독서 종합 진단표 작성

항목	검사 결과
독서 자신감	
독서 태도	
독서 동기	
독서 습관	
동서 방법	
독서 수준	회상 능력:
	이해 능력
나의 결심	

독서 종합 진단표 작성 예시

항목	검사 결과
독서 자신감	8개: 자신감이 높은 편이다,
독서 태도	88%: 좋은 편이다.
독서 동기	오락적인 목적이 가장 많고, 철학적인 목적도 약간 있다.
독서 습관	7개 이상: 대체로 좋은 편이다.
동서 방법	6개 항목 일치: 보통이다.
독서 수준	회상 능력: 90점
	이해 능력: 80점
나의 결심	어릴 때는 책 읽기를 좋아하고 책에 대한 자신감이 높았다. 중학교 올라가고부터 판타지, 만화 등 오락적인 책 읽기로 치우친 것 같다. 독서 습관은 괜찮은 편이지만 독서 방법에서 내 마음대로 읽는 경향이 있다. 밑줄을 긋고 중요한 내용을 메모해 가며 정리하고 기억하는 독서방법을 실천해야 겠다. 목표 의식을 갖고 책을 정독하는 훈련이 필요하다는 것을 알게 되었다.

3. 어떻게 시작할까?

독서는 훈련이다. 즐거운 독서를 원한다면 먼저 독서를 위한 훈련이 우선시 되어야 한다. 수학을 잘하려면 먼저 더하기, 뺄셈, 곱하기, 나누기를 알아야 한다. 영어를 잘하려면 먼저 알파벳을 알아야 한다. 기본 배경지식 없이 시작한다면 실력 향상을 꿈꿀 수 없다. 그렇다고 독서를 좋은 성적을 얻기 위해 하는 행위는 아니다. 알고 싶은 것을 앎으로써 자신과 세상을 바라보는 시각을 넓고 깊이 있게 하기 위해서다. 독서는 즐거움을 주는 취미가 되어야 한다. 그러므로 독서도 독서를 위한 훈련이 이루어져야 원하는 독서를 할 수 있다.

첫째, 즐거운 마음으로 읽을 수 있는 책을 선정한다. 공자는 "아는 것은 좋아하는 것만 못하고 좋아하는 것은 즐기는 것만 못하다." 하였다. 독서를 즐기려면 책에 관심과 호기심이 있어야 한다. 그다음 진지함과 함께 성실해야 한다. 이것들이 익숙해지도록 훈련을 통해 독서를 즐길 수 있다. 내가 좋아서 읽는 책은 몰입과 즐거움을 준다. 더불어 깊이 있는 독서를 하게 한다.

> "어떤 책은 맛보기 위한 것이고, 어떤 책은 삼키기 위한 것이다. 그러나 어떤 소수의 책들은 잘 씹어서 소화시켜야 한다."
>
> – 프랜시스 베이컨

둘째, 독서에는 정도(正道)가 없다.

'아는 것이 힘이다'라고 말한 베이컨은 모든 책이 같은 방식으로 읽혀야 하는 것은 아니라고 말한다. 어떤 책은 그저 잠깐 훑어보기만 해도 충분하고, 어떤 책은 자세히 읽어야 이해하거나 활용할 수 있다. 그러나 일부 책은 매우 깊고 복잡한 내용을 담고 있어서, 그것을 완전히 이해하고 소화하기 위해서는 꼼꼼하게 읽고 생각해야 한다는 것을 말하고 있다. 다시 말해서 어떤 책들은 일부만 읽으면 되고, 어떤 책들은 다 읽되 호기심을 가질 필요가 없으며, 어떤 책들은 완전하고 충실하고 주의 깊게 읽어야 한다는 말이다. 그러므로 한 권의 책을 선정해서 읽을 때 완독을 하려는 생각에서 벗어날 필요가 있다.

독서는 반드시 지식을 완전히 습득해야 하는 과제가 아니다. 첫 번째 맛보기처럼 여기저기 눈가는 대로 읽다가, 대충 훑어보기다가, 할 일 없어 시간 보낼 때 읽다가 맛없으면 책꽂이 꽂고, 맛있으면 두 번째 삼키기 읽기로 넘어가면 된다. 이때 몰입해서 읽기가 가능하다. 삼켜서 지식의 양분으로 만드는 단계로 스스로 질문을 통해서 작품을 이해할 수 있다. 예를 『인어공주』에서 바닷속과 육지의 의미, 인어공주는 어떤 성격일까? 등의 질문을 할 수 있다. 작품을 이해했다면 삶에 적용할 수 있도록 소화를 시켜야 한다. 인어공주가 살고 있던 바다와 왕자가 사는 육지는 민물과 바닷물로 결합할 수 없다. 그러나 인어공주는 무모한 도전을 한다. 사랑한다는 것, 누군가와 관계를 맺는다는 것 등 성찰의 시간을 가진다. 이러한 세 단계의 과정은 훈련을 통해서 가능하다.

셋째, 체계적인 독서를 하고 싶으면 동시대 작품을 권장한다. 『성냥팔이 소녀』에서 소녀가 성냥을 파는 배경과 연결지어 찰스 디킨스의 『올리버 트위스트』를 읽는다면 산업혁명 시기 당대 사회적 실상을 파악할 수 있다.

산업혁명은 18세기 말부터 19세기 초에 영국에서 시작된 기술 혁신과 산업 구조의 변화를 의미한다. 이 변화는 기계화, 공장 시스템, 교통 및 통신의 발전 등을 가져왔다. 『성냥팔이 소녀』는 산업혁명의 시기에 이야기다. 그 시기의 사회적 변화와 산업화로 인해 발생한 도시화와 빈곤 문제를 반영하고 있다. 산업혁명으로 인해 도시가 성장하고 공장이 증가하면서 많은 사람들이 농촌에서 도시로 이주하게 되었다. 이로 인해 도시는 인구 과잉과 빈곤 문제가 심각해졌다.

『성냥팔이 소녀』 배경인 코펜하겐의 거리와 가난한 가정은 산업혁명으로 인한 도시화와 사회적 격차의 증가를 반영하고 있다. 안데르센은 이 작품을 통해 산업혁명의 그림자와 사회적 불평등을 드러내고자 했다.

『올리버 트위스트』도 산업혁명과 관련이 있다. 이 소설은 찰스 디킨스가 1838년에 발표한 소설로, 산업혁명 시기의 사회 변화와 노동 조건, 빈곤 등을 다루고 있다. 이 소설은 올리버라는 고아 소년이 가난한 환경에서 성장하고, 공장 노동과 도제 생활, 도둑질, 범죄 조직과의 접촉 등 다양한 어려움을 겪는 이야기를 다루고 있다. 이를 통해 디킨스는 산업혁명 시기의 사회적 문제와 노동 조건의 열악함을 비판하고, 빈곤층의 고난과 사회적 불공을 드러내는 데 초점을 맞추었다.

따라서 『성냥팔이 소녀』와 『올리버 트위스트』는 산업혁명과 관련된 사회적 문제를 다루고 있어 이 시기를 이해하는 데 도움이 되는 작품이다.

4. 어떻게 읽을까?

어떻게 읽을 것인가를 알아보기 전에, 먼저 일반적인 독서법의 종류를 알아볼 필요가 있다.

독서법의 종류에는 다음과 같은 것들이 있다.

1) 속도에 따라

- **정독**(精讀): 글의 뜻을 새기면서 자세히 읽는 것을 말한다. 즉, 글의 의미를 놓치지 않기 위해 착실하게 읽는 행위가 바로 이에 해당한다. 숙독(熟讀)이나 열독(熱讀)도 이와 유사한 의미를 갖는다.
- **속독**(速讀): 책이나 글을 빨리 읽는 것을 말한다. 가벼운 글이나 정확하게 이해할 필요가 없는 글을 읽을 때 주로 사용하는 방법이지만, 깊이 있는 이해력을 떨어뜨릴 수 있다.

2) 범위에 따라

- **통독**(通讀): 책을 중간에 건너뛰지 않고 처음부터 끝까지 훑어 읽는 것을 말한다. 정독과 통독의 차이점은 글을 꼼꼼하게 그 의미를 새기면서 읽는지 여부에 있다. 즉, 책을 처음부터 끝까지 읽었다고 하더라도 훑어 읽었다면 정독이 아니라 통독에 해당한다.
- **발췌독**(拔萃讀): 책이나 글에서 필요한 부분만을 뽑아 읽는 것을 말한다. 신문, 사전 등에서 필요한 기사나 항목을 찾아 읽는 경우가 대표적인 예에 해당한다.

3) 발성에 따라

- **묵독**(默讀): 글을 소리 내지 않고 속으로 읽는 것을 말한다. 특별한 이유가 없다면 대부분 묵독으로 책을 읽게 된다.
- **음독**(音讀): 묵독과 반대로 글을 소리 내어 읽는 것을 말한다. 낭독(朗讀)처럼 소리 내어 읽는다는 점에서는 같으나 낭독이 타인에게 들려주기 위해 읽는 것이라면 음독은 혼자 읽는 것에 가깝다고 하겠다.

4) 도서 선정에 따라

- **남독**(濫讀): 순서나 체계, 내용과 관계없이 아무 글이나 마구 읽는 것을 말한다. 남독은 그 자체로 나쁜 것은 아니며, 책을 좋아하는 사람들이 흔히 책을 읽는 방식이기도 하다. 그렇지만 체계적인 지식을 쌓고 어떤 주제에 대해 깊이 있게 이해하기 위해서는 남독에서 그쳐서는 안 된다.
- **편독**(偏讀): 남독과 반대로 한 방면에만 치우쳐서 책을 읽는 것을 편독이라 한다. 편식이 영양의 불균형을 초래해 건강에 좋지 않은 것처럼, 편독 또한 지식의 불균형을 낳는다는 문제점이 있다.

5) 기타

- **정독**(正讀): 위에서 말한 정독(精讀)과는 구별되는 것으로서, 글의 참뜻을 바르게 파악하면서 읽는 것을 말한다. 그러므로 여기서 정독의 반대말은 오독(誤讀)이 된다.

- **수용적 읽기와 비판적 읽기:** 태도에 따른 읽기의 분류로, 수용적 읽기가 교훈과 즐거움을 얻기 위한 독서를 가리킨다면, 비판적 읽기는정해진 법 내용상의 오류를 찾아내거나 저자의 생각을 비판하기 위한 독서를 가리킨다.

독서법에는 여러 종류가 있으나 책 종류에 따라서, 독서 환경에 따라서 독서법을 정해서 읽으면 된다. 그럼, 독서는 어떻게 하면 좋을까?

1) 하루 독서 시간을 정한다

> 책 읽는 습관을 기르는 것은
> 인생에서 모든 불행으로부터
> 스스로를 지킬 피난처를 만드는 것이다.
>
> – 서머셋 몸

독서를 습관화하기 위해서는 의욕과 실천이 중요하다. 독서 의욕을 가지게 되면 독서를 실천할 시간을 가진다. 그러나 독서 의욕이 없는 경우는 의무적으로 독서를 함으로써 습관화할 수 있도록 해야 한다. 운동도 처음에는 귀찮고 피곤해서 하기 싫지만 하다 보면 의욕이 생기고 습관화되는 것처럼, 독서도 하루 독서 시간이나 독서량을 정해서 하는 것이 좋다. 예를 들어 아침에 일어나서, 밤에 자기 전, 대중교통으로 이동하는 시간과 같이 매일 일정한 시간을 정해 규칙적으로 독서를 하면 좋다. 이때 독서에 익숙하지 않다면 시간을 짧게 해야 한다. 처음부터 독서를 두 시간 하겠다는 계획을 세우지 말기를 바란다. 처음에는 30분 독서로 시작하는 것이 좋다. 30분 독서가 익숙해졌을 때 시간을 점차 늘리면 된다.

2) 독서 계획표를 만든다

독서 계획표를 만들어야 하는 이유는 다음과 같다.

- **목표 설정**: 어떤 책을 읽을 것인지, 언제까지 읽을 것인지 등의 목표를 설정할 수 있다.
- **일정 관리**: 독서 시간을 미리 계획하고, 다른 일정과 조화를 이룰 수 있다.
- **동기 부여**: 독서 계획표를 작성하고 실행하면서 성취감을 느낄 수 있다. 목표를 달성하는 과정에서 동기 부여를 받을 수 있다.
- **집중력 향상**: 어떤 책을 읽을 것인지 미리 결정하고, 그에 따라 집중력을 향상시킬 수 있다.
- **효율적인 시간 활용**: 독서 계획표를 통해 독서 시간을 효율적으로 활용할 수 있다.
- **독서 습관 형성**: 독서 계획표를 꾸준히 작성하고 실행하면서 독서 습관을 형성할 수 있습니다.
- **다양성 확보**: 다양한 장르와 주제의 책을 읽을 수 있도록 계획을 세울 수 있다.

따라서 독서 계획표를 만들면 독서를 더욱 계획적으로 할 수 있고, 목표를 달성하는 과정에서 성취감과 집중력을 높일 수 있다.

3) 독서 노트를 만든다

독서 노트를 만들면 다음과 같은 장점이 있다.

- **기억력 강화**: 책의 내용을 정리하고 요약하는 과정에서 기억력을 강화할 수 있다. 중요한 내용이나 인상적인 구절을 기록하면 기억에 오래 남게 된다.
- **이해력 향상**: 책의 내용을 더 깊이 이해하고 분석할 수 있다. 주요 개념과 아이디어를 정리하고 자신의 생각을 추가하는 과정에서 이해력이 향상된다.
- **사고력 확장**: 책에서 얻은 정보를 자신의 경험과 연결시키고, 새로운 아이디어를 발전시킬 수 있다. 다양한 관점과 관련된 내용을 정리하면서 사고력이 확장된다.
- **시간 절약**: 책을 다시 찾아볼 필요가 줄어든다. 중요한 내용을 요약해두었기 때문에 필요한 정보를 빠르게 찾을 수 있다.
- **공유와 토론**: 다른 사람들과 책을 공유하고 토론할 수 있다. 노트에 기록한 내용을 기반으로 의견을 나누고, 다른 사람들의 관점을 배울 수 있다.

- **반복 학습**: 중요한 내용을 반복해서 읽고 복습할 수 있다. 노트를 다시 보며 핵심 개념을 되새기고, 지식을 공고히 할 수 있다.
- **개인적인 성장**: 내 생각과 감정을 기록하고 발전시킬 수 있다. 독서를 통해 개인적인 성장과 발전을 이룰 수 있다.

만약에 독서 노트를 작성하지 않으면 첫째, 책에서 얻은 중요한 정보나 핵심 아이디어를 놓칠 수 있다. 둘째, 눈으로만 읽는 독서는 기억이 오래 가지 않는다. 셋째, 책의 내용을 피상적으로 이해하고 지날갈 수 있다. 넷째, 책에서 얻은 정보를 자신의 경험과 연결시켜 새로운 아이디어를 발전시킬 수 있는 기회가 적어진다.

따라서 독서 경험을 풍부하게 만들어 주고, 지식 습득과 개인적인 성장을 촉진하는 데 도움이 독서 노트를 만들면 좋다.

■ 독서 노트 작성법 ■

1. 책의 서지 정보(제목, 작가, 출판사, 출판 날짜 등)와 시작한 날부터 끝난 날을 기록한다.
2. 페이지 중앙에 세로줄을 긋는다.
3. 좌측은 책에서 발견한 새로운 정보, 사실, 느낌 있는 문장 등을 기록한다.
4. 우측은 좌측 내용을 조사하여 확인한 내용을 구체적으로 기록하고, 그 과정에서 느낀 점, 새롭게 알게된 사실 등을 기록한다. 마음을 사로잡은 문장의 경우 필사를 하고 자신의 생각을 써 본다. 이때 필사 페이지를 같이 기록한다.
5. 색깔 펜, 포스트잇 등을 이용하여 시각적인 효과를 높인다.
6. 정보를 찾는 과정에서 파생되는 정보도 함께 기록한다.

양재에서 여의도까지 지하철이 주요 교통수단인 필자는 거의 지하철에서 책을 먹게 된다. 이동 시간이 1시간이 넘어가기 때문에 그 시간에 독서를 하면 한 달에 20~30권 정도를 먹을 수 있다. 약속이나 한 듯이 무가지를 맛나게 먹고 있는 승객들의 틈바구니에서 처음에는 어색하고 좀 이상했지만 2년 이상을 먹다 보니 내 자신에게도 긍정적인 영향을 주었고, 효율적인 시간 활용이 되었다. 때로는 딱딱한 책보다 가볍고 말랑말랑한 무가지를 먹고 싶은 유혹에 흔들릴 때도 있지만 꿋꿋하게 책을 먹는 습관을 고집한다.

현실적으로 전문 직종이 아닌 일반 직장인들이 하루에 고정적으로 1시간을 확보한다는 것이 쉬운 일은 아니나 각자가 처한 상황에 맞게 생활 속의 지혜를 발휘하면 된다.

– 이용 · 김수로, 『맛있게 책 읽기』

CHAPTER

3

진실을 보는 시각 :

『어린 왕자』 - 생텍쥐페리

인문학으로 읽는 세상

Chapter 3

진실을 보는 시각 :
『어린 왕자』 – 생텍쥐페리

생텍쥐페리의 대표작으로 1943년에 발표된 작품. 사막에 불시착한 비행사와 어린 왕자의 이야기를 담고 있다. 어린 왕자는 장미꽃이 자신을 사랑하지 않는다는 것을 깨닫고 별을 떠난다. 여러 행성을 방문하면서 다양한 사람들을 통해 인간의 허영심과 외로움, 그리고 진정한 가치에 대해 생각하게 된다. 그리고 지구에 도착하여 여우와 친구가 되고, 꽃과 물음을 주고받으며 진정한 사랑의 의미를 깨닫게 된다. 장미꽃을 사랑하고 있고 그 장미꽃을 위해 살아가야 한다는 것을 알고 자신의 별로 돌아간다. 이 작품은 인간의 허영심과 외로움, 그리고 진정한 가치 탐구와 함께, 어린이와 어른 모두의 마음속에 있는 순수하고 아름다운 것에 대한 그리움을 담고 있다.

생텍쥐페리는 프랑스의 작가이자 비행사였다. 1900년에 리옹에서 태어나 젊은 시절에는 군인이 되어 북아프리카에서 복무했다. 비행사로 활동하면서 쌓은 모험과 경험을 바탕으로

『남방으로 향하는 여행』(1929년), 『인간의 대지』(1939), 『전투비행사』(1942) 등의 작품을 발표하였다. 대표작인 『어린 왕자』는 전 세계적으로 사랑받는 명작이다.

『어린 왕자』라는 책을 처음으로 내게 소개해 준 벗은 이 한 가지 사실만으로도 한평생 잊을 수 없는 고마운 벗이다. 너를 대할 때마다 거듭거듭 감사하지 않을 수 없다.

그 벗은 나에게 하나의 운명 같은 것을 만나게 해 주었으니까.

지금까지 읽은 책도 적지 않지만, 너에게서처럼 커다란 감동을 받은 책은 많지 않았다.

그렇기 때문에 네가 나한테는 단순한 책이 아니라

하나의 경전이라고 한 대도 조금도 과장이 아닐 것 같다.

누가 나더러 지묵(紙墨)으로 한두 권의 책을 선택하라면

〈화엄경(華嚴經)〉과 함께 선뜻 너를 고르겠다.

– 법정 스님, 『스스로 행복하라』

세계 2차 대전이 전 세계 사람들을 공포와 불안, 좌절, 죽음이 난무하는 혼돈의 도가니 속에서 정신적 · 신체적 파멸을 파죽지세(破竹之勢)로 몰아가던 1943년 4월 7일 미국에서는 생텍쥐페리의 『어린 왕자』가 발간이 되었다.

『어린 왕자』는 발간된 이후 160여 개 언어로 번역되어 2억 부 정도가 팔렸다고 한다. 세계인의 관심과 사랑을 현재를 넘

어 미래에도 받을 책으로 인식되고 있다. 특히 출판된 책 중 '넘사벽'인 성경 다음으로 많은 사람이 읽은 책으로 알려져 그 저력을 느낄 수 있다. 어쩌면 『어린 왕자』는 지구라는 별에 사는 지구인들이 살아가는 동안 반드시 읽어야 하는 통과의례와 같은 역할을 하고 있는지도 모르겠다.

어린 왕자가 소혹성 B612호를 떠나 우연히 지구라는 별로 온 것처럼 『어린 왕자』가 지구라는 별에 안착하게 된 계기도 우연히 일어났다.

1942년 초 미국 뉴욕의 어느 식당에서 출판업자 커티스 히치콕과 점심을 먹고 있던 생텍쥐페리는 흰 냅킨에 장난삼아 그림을 그렸다. 그 그림을 본 히치콕이 무슨 그림이냐고 물었다.

"별거 아닙니다. 마음에 담고 다니는 한 어린 녀석이지요."

"이 어린 녀석 말입니다. 이 아이에 관한 이야기를 써보시면 어떨까요? 어린이용 이야기로 말이지요. 올해 성탄절 전에 책을 낼 수 있으면 참 좋겠는데 말입니다."

히치콕의 제안으로 생텍쥐페리는 마음속에만 담아 두었던 '한 어린 녀석'과 세상 밖 여행에 동행을 결심한다. 생텍쥐페리는 '마음속 한 어린 녀석'의 삽화를 다른 사람에게 맡겼지만 만족하지 못하게 되자 자신이 직접 '어린 왕자' 케릭터를 완성하게 된다. 그래서 생텍쥐페리의 삶과 『어린 왕자』를 읽은 사람들은 '어린 왕자는 생텍쥐페리이고 생텍쥐페리는 어린 왕자다.'라는 명제에 대해서 반증을 하지 않는다. 어린 왕자를 사랑하는 마음은 생텍쥐페리를 향한 그리움으로 이어져 사람들은 하늘을 볼 때마다 첫사랑의 로망처럼 애잔한 눈길을 갖게 된다.

"보아 뱀은 먹이를 씹지 않고 통째로 삼킨다.
그런 다음 더 이상 움직이지 않고, 소화가 되는 반년 동안 잠을 잔다."
책의 내용을 읽은 나는 코끼리를 삼키고 소화를 시키는 보아 뱀을 그리고
어른들에게 보여주며 무서운지 물었다.
어른들은 모자가 왜 무섭냐고 대답한다.
그런데 어린 왕자는 그 그림을 모자가 아닌 코끼리를 삼킨 보아뱀이라고 말한다.

어른들은 어떤 현상에 대해서 자신이 아는 지식과 가치로 바라보고 아이들은 상상과 생각으로 바라본다. 우리의 눈은 대부분 카메라가 세상을 찍는 모양새로 행복이란 것, 추구하는 것 대부분이 밖을 향해 있다. 만나는 사람에 대해서 그 사람의 월급, 집, 차, 직장 등으로 바라보고 평가하는 고정된 시각을 갖고 있다. 겉모습에 집중하다 보니 진실을 보는 마음의 눈은 도외시되고 있다. 가장 소중한 것이 무엇인지 바라보고 고민하는 시간을 놓치는 것은 아닐까? 보아뱀의 실체를 미처 알아채지 못하는 삶을 살아가고 있는 것은 아닐까? 밖으로 향해 있는 눈을 내면으로 돌려보는 것 어떨까? 동심으로 세상을 바라본다면 보이는 대로 보는 것이 아니라 그 이면까지 바라볼 수 있는 안목이 생길 것이다. 그러면 내가 원하는 꿈도 꿀 것이며 세상도 아름답게 바라볼 여유도 함께 가지게 된다.

어린 왕자가 자신의 별인 B612를 떠나 여행을 하게 된 결정적인 계기는 까다로운 장미 때문이었다.

"난 태양과 같은 시간에 태어났거든요."
"이제 곧 아침 식사 시간일 것 같은데, 제 식사도 준비해 주시겠어요?"
"호랑이가 발톱을 세우고 달려들어도 문제없어요."
"바람을 막아 줄 만한 건 없나요?"
"밤이 되면 나에게 유리 덮개를 씌워 줘요. 당신의 별은 너무 추워요. 주변도 별로고요."

B612에서 유일하게 어린 왕자가 소통할 수 있는 존재는 장미 한 송이였다. 서로를 원하고 있다는 진심은 숨긴 채 그녀가 끊임없이 요구하는 물주기, 유리 덮개 씌우기 등은 귀찮은 일이지만 조금만 육체적 수고를 하면 쉽게 할 수 있는 일이었다. 하지만 그녀의 까다롭고 위선적인 불평과 자기 자랑은 어린 왕자에게 스트레스를 주었다. 자신을 향한 어린 왕자의 마음을 알게 된 장미는 불평을 멈추게 된다. 불평이란 것은 상대에 대한 어떤 기대와 변화를 희망의 차원에서 하는 말로 문제 해결의 의지를 표방하고 있다. 장미의 침묵은 어린 왕자에게 이제 관심과 배려, 보호를 요구하지 않겠다는 의지의 표현이 된다. 차라리 그녀가 자신을 제대로 돌봐주지 않는 어린 왕자를 향해 화를 냈다면 관계 회복의 가능성을 가진다. 어린 왕자와 장미는 외면적으로 보여주는 서로의 모습에 지쳐갔다. 그녀의 침묵

은 어린 왕자가 B612호를 떠나게 되는 원인으로 작용하게 된다. 장미는 『어린 왕자』 이야기의 시발점이자 어린 왕자가 여행을 떠나게 된 배경이 된다. 다시 B612호 돌아가고자 하는 결심에도 중요한 역할을 담당하고 있다.

생텍쥐페리는 자신의 체험을 바탕으로 작품을 쓰는 행동주의 작가로 분류된다. 그럼 이 시점에서 장미가 그의 삶에서 어떤 인물인지 쉽게 짐작할 수 있다. 알려진 바에 의하면 이 책에 나오는 장미는 생텍쥐페리의 부인인 콘수엘로를 의미한다. 콘수엘로와 생텍쥐페리의 사랑 이야기는 한 편의 새드 엔딩(sad ending)이자 네버 엔딩(never ending)이라고 할 수 있다.

콘수엘로는 생텍쥐페리와 결혼 전에 두 번의 결혼을 했다. 하지만 두 번 모두 비극적인 사별로 인해 자신과 결혼하는 남성은 불행한 죽음을 맞을 것이라는 신념을 가지고 있었다. 하지만 생텍쥐페리의 적극적인 구애 끝에 결혼하게 된다. 둘은 너무 사랑했고 행복했지만 얼마 지나지 않아 생텍쥐페리가 비행기 사고로 실종되었다가 살아 돌아오는 일이 일어났다. 그녀는 자신 때문에 남편이 불행을 겪었다고 자책하게 되고 이혼을 요구하기도 한다. 여러 번의 비행기 불시착에서 무사히 살아 돌아왔던 생텍쥐페리는 1944년 7월 31일 정찰 임무를 띠고 이륙했지만 돌아오지 못하고 만다. 콘수엘로는 자신 때문이라고 자책하며 평생을 살아가게 되고 사망할 때까지 생텍쥐페리는 실종 상태가 되고 만다. 평생을 실종된 남편을 그리워하며 자책하고 살아야 했던 콘수엘로의 비극적인 사랑과 불행한 삶은 생텍쥐페리, 어린 왕자와 함께 기억되고 있다.

장미는 아름다우면서 가시가 있는 것처럼 콘수엘로도 아주 아름다운 여성이었지만 불같은 성격을 이었다. 어린 왕자의 겉모습이 콘수엘로를 닮았다면, 장미가 지닌 말투와 기질은 콘수엘로 그 자체라고 할 수 있다. 어린 왕자에게 항상 새침하게 굴던 장미, 투정과 불만으로 어린 왕자를 귀찮게 하던 장미. 그렇지만 어린 왕자가 별을 떠나려고 하자 자신의 진심을 어린 왕자에게 전달하는 그 모습은 콘수엘로가 생텍쥐페리에게 하던 모습을 그대로 닮았다.

어느 날, 늦게까지 귀가하지 않는 생텍쥐페리를 찾아 밤길을 나선다. 콘수엘로는 카페에서 친구와 이야기를 나누는 모습을 보고 달려가서 함께 있던 친구의 뺨을 때린다. 그녀를 너무 사랑하기는 하지만 그녀의 불같은 성격에 충격을 받은 생텍쥐페리는

"사랑을 간직하기 위해서는 사랑에도 휴가가 필요하다."

아내와 별거를 계약한다. 어린 왕자가 장미를 이해하지 못하고 자신의 별을 떠나는 장면과 비슷하다. 생텍쥐페리와 어린 왕자의 떠남은 콘수엘로와 장미를 마음으로 바라보게 되는 방식으로 전환하게 되는 계기가 된다.

그 꽃은 씨앗으로 날아와서 어린 왕자의 별에 싹이 튼 것이었다. 어린 왕자는 정성을 다해서 보살폈고 이내 예쁜 장미꽃으로 자랐다. 하지만 그 꽃은 겸손하지 못했다. 처음에는 아름다움에 감동하였지만 어린 왕자도 차츰차츰 꽃을 의심하게 되

었고 그는 그것을 나중에는 후회하게 되었다.

"그때 난 아무것도 몰랐어! 꽃의 말이 아니라 행동으로 판단했어야 했는데.
내 꽃은 나를 향기롭게 해 주고, 빛나게 해 주었어.
내 꽃으로부터 도망쳐서는 안 되는 거였어!
가엾은 속임수 뒤에 숨은 다정한 마음을 눈치챘어야 했어.
꽃들은 너무나 모순적이야.
그리고 그때 난 꽃을 사랑하는 법을 알기에는 너무 어렸어."

어느 정원을 가득 채운 장미꽃을 본 어린 왕자는 슬프게 눈물을 흘리고 만다. 세상에서 아름다운 꽃은 자기가 유일하다고 알고 있는 장미가 생각났고 그리웠기 때문이다. 결국엔 장미를 길들인 자신에게 책임이 있다는 것을 깨닫듯이, 생텍쥐페리는 자신이 콘수엘로를 늘 사랑하고 있었으며 그녀와 함께한 시간과 경험이 자신에게 무엇보다 소중하다는 것을 깨닫게 된다.

어린 왕자는 여러 별을 여행하면서 다양한 사람들을 만나게 된다. 오직 권위만 내세우는 군주, 허영심 많은 사람, 무엇이 진리인지 깨닫지 못하고 자책만 하는 알코올 중독자, 소유와 존재의 개념을 모른 채 헛된 소유욕만 있는 상인, 이 세상에 존재하는 지리의 발굴자임을 자처하는 지리학자, 다른 사람들 보다는 낫지만 숨 쉴 틈 없이 무엇인가를 해야 하는 점등인 등을 나열하면서 인간의 잘못된 가치관을 꼬집는다.

다양한 어른들의 양상을 묘사하고 있다. 군주는 자기만의 세상에 갇혀 있는 우리 모습, 내면보다 외양에 신경 써 남의 인정과 칭찬으로 살아가는 사람, 현실을 직시하는 게 힘들어 술의 힘을 빌리고, 무엇이 자기가 나아갈 길인지 깨닫지 못하고 자책만 하면서 자기 합리화하는 사람. 돈의 노예가 된 사람, 경험 없이 이론만 외치는 사람, 자기 일에 최선을 다하지만 생각하지 않고 맹목적으로 일만 하는 사람을 형상화하고 있다. 어린 왕자가 만난 사람들은 모두 자기 울타리 안에 갇혀 있는 사람들이다. 이들을 보면 인간은 혼자 살 수 없다는 것을 알 수 있다. 만약 이들이 한 별에 산다면 톱니바퀴처럼 어긋나거나 빈 곳을 채워주어 함께 하는 삶을 살 수 있을 것이다.

어린 왕자는 사막에서 여우(사막여우=페넥여우)를 만난다. 이 작품에서 여우는 주옥같은 명언들을 쏟아낸다. 그리고 관계 맺기를 통해 어린 왕자가 장미의 소중함을 깨닫는 길로 인도해 주는 역할을 한다. 생텍쥐페리가 이 작품에서 여우를 선지자 역할로 설정하게 된 배경은 다음과 같다.

1935년 파리~사이공 구간 비행시간 단축 신기록에 도전하다가 리비아 사막 한복판에 추락하게 된다. 30시간이면 온몸에 수분이 다 빠져나가서 죽게 되는 열사의 사막에서 사막여우 한 마리를 발견한다. 저 여우는 대체 뭘 먹고 살아가지? 그는 여우가 어떻게 생명을 이어 나가고 있는지 생존전략을 유심히 관찰했다. 그곳에는 약 100 발자국 사이로 대접 크기의 말라 죽은 나무들이 있었다. 그 나뭇가지에는 달팽이들이 숨어 있었다. 그런데 사막여우가 많은 나무 중 단지 몇 군데에서만 달팽이를 잡아먹고 다음 나무로 이동하는 게 아닌가. 그것도 한 나무에서 매우 조금씩만 핥아먹은 뒤 다른 나무로 가서 또 조금씩 먹고 대부분은 그대로 남겨두는 것이었다. 그는 이런 행동을 보고 곰곰이 생각했다. '만약에 사막여우가 첫 번째 나무에 있는 달팽이를 모두 먹어 치웠다면 그다음, 혹은 그다음 다음에는 이미 달팽이가 바닥나 있을 것이다. 당장 허기를 다 채우려고 했다면 달팽이는 씨가 마르고 그러면 사막여우 자신도 종말을 맞게 된다.' 이때 페넥여우의 현명한 생존 방식을 보고 작품에 등장하게 된다.

https://pixabay.com

네가 나를 길들인다면 우리는 서로 필요하게 되는 거야.
너는 나에게 이 세상 단 하나뿐인 아이가 되는 거고,
나는 너에게 이 세상 단 하나뿐인 여우가 되는 거지.
(……)
네가 오후 4시에 온다면 난 3시부터 행복해지기 시작할 거야.
시간이 지날수록 난 행복해지겠지. 4시가 되면 벌써 난 설레고 안절부절 못할 거야.
그러면서 행복의 가치를 알게 되는 거지.
(……)
네 장미꽃이 그렇게 소중해진 건 네가 장미꽃에 공들인 시간 때문이야.
(……)
넌 영원히 네가 길들인 것에 책임을 져야 해. 넌 네 장미꽃에 책임이 있어.

어린 왕자가 여우에게 놀자고 하니까 길들여지지 않아 놀 수 없다고 한다. 여우는 길들인다는 것은 관계를 맺는다는 것이고 세상에 오직 하나인 존재가 된다는 말을 한다. 이 말을 들은 어린 왕자는 이 세상에는 수많은 별들이 있지만 유독 한 개의 별이 두드러져 보이는 것은 거기에 사랑하는 장미가 있고 그는 보호해 줄 책임과 의무가 있다는 걸 깨닫는다.

이 명언은 친구 기요메와 관련이 있다. 기요메는 우편 행랑을 전달하기 위하여 한겨울에 남미의 안데스 산맥 위를 비행하던 중, 하강 기류에 휩쓸려 비상 착륙을 하게 되었다. 그는 살아남기 위해 해발 4,500미터가 넘는 고지대에서 영하 40도의 혹한을 견디며 끊임없이 죽을 힘 다해 걸어야만 했다. 어느 누구도 한겨울에 안데스 산맥으로 구조하러 올 수는 없었기 때문이다. 포기는 사랑하는 사람들에게 크나큰 슬픔을 주는 것이었다. 그들은 자신의 생존을 믿고 있을 거라고 생각했기 때문에 희망을 배신하지 않겠다고 생각했다. 자신이 살아서 돌아갔을 때 사랑하는 사람들의 기쁨과 행복한 모습을 상상하며 그는 걸었다. 몇 시간도 못 버티고 동사했을 거라며 닷새 만에 구조 작업은 중단됐지만 7일째 되는 날 그는 기적처럼 동료들 앞에 나타난다. 기요메가 살아돌아 올 수 있었던 것은 사랑하는 사람들에 대한 사랑과 책임감이었다.

정신분석학자 빅터 프랭클은 아우슈비츠 강제 수용소 경험을 바탕으로 쓴 『죽음의 수용소』(1946)에서 다음과 같이 니체의 말을 인용한다.

> 왜 살아야 하는지 아는 사람은 '어떤' 상황도 견딜 수 있다.

극한의 상황인 수용소에서 배고픔, 곤욕, 공포, 불의에 대한 강한 분노 등을 참고 견디게 하는 것은 사랑하는 자의 소중한 모습이며 신앙이며 괴이한 유머 등이라고 한다. 미래에 대한 기대는 삶의 의지를 불러일으키지만 믿음의 상실은 죽음을 부른다고 하였다. 기요메가 혹한을 뚫고 살아돌아 올 수 있었던 것도, 빅터 프랭클이 수용소를 벗어날 수 있었던 것도 삶의 의미가 있는 사람이었기 때문이다. 즉, 우리가 살아가는데 힘의 근원은 사랑이란 말이다. 사랑에는 책임이 따르고, 책임을 다하기 위해 우리는 최선을 다한다.

> 오로지 마음으로만 보아야 잘 보인다는 거야. 가장 중요한 건 눈에는 보이지 않아.

여우가 어린 왕자에게 비밀이라며 해 준 말이다. 『인간의 대지』에서 스페인으로 첫 우편 비행기를 모는 장면이 나온다. 당시에는 엔진이 안전을 보장해 주지 않기에 불시착해야 하는 경우가 있었다. 그 노선을 다닌 경험이 있는 기요메는 지도를 보며 불시착 장소를 알려주며 조언한다. 우리는 낯선 곳을 갈 때 지도를 이용한다. 지도를 이용하면 쉽게 찾아갈 수 있다. 기요메는 지도를 보며 안전한 항로를 가르쳐 주는 대신 세 가지 조언해 준다. 만약 가다가 불시착할 경우 과디스 근처 들판의 세 그루 오렌지 나무를 조심하라고 한다. 또, 로르카 부근의 들판에는 농가를 조심하라고, 모트릴 서쪽 풀숲에는 개천이 있으며 풀밭에는 서른 마리의 양이 있으니 지도에 표시하고 조심하라고 한다. 사서삼경의 하나인 '대학'에 '마음에 있지 않으면 보아도 보이지 않는다'라는 말이 있다. 사물을 보려면 눈이 필요하다. 하지만 눈은 물체의 상이 통과하는 렌즈일 뿐이고, 사실 물체를 보는 것은 마음이다. 마음이 딴 데 있으면 눈으로 대상을 보더라도 그것을 인식할 수 없다. 진실 된 것은 보이는 것이 아니라 마음으로 읽어야 한다. 그러면 온전한 세상을 볼 수 있다.

> 사막이 아름다운 것은 그것이 어딘가에 샘을 감추고 있기 때문이지.

생텍쥐페리는 사하라 사막에 불시착한 적이 있다. 사하라 사막은 3,000km를 걸어야 벗어날 수 있다. 더위와 목마름, 배고픔에 신기루까지 보이는 상황에 달했을 때 유목민인 베두인을 만난다. 그때 베두인에게 얻어 마신 물은 생명수였을 것이다. 눈에 보이지는 않으나 오아시스가 있어 사막이 존재한다. 이 말은 진짜 아름다운 것은 보이지 않는다는 말이다. 겉은 모자처럼 보이지만 그 속에 코끼리를 품고 있는 보아뱀처럼. 모자는 현재 보이는 '나'이고, 코끼리는 '나인 너'가 아닐까?

> 나였던 그 아이는 어디 있을까,
> 아직 내 속에 있을까 아니면 사라졌을까?
>
> – 파블로 네루다 『질문의 책』

우리는 살아가면서 다양한 경험을 한다. 좋았던 일, 부끄러웠던 일, 속상했던 일, 화났던 일, 슬펐던 일 등을 거치면서 오늘의 나가 있다. 그러한 경험들은 오늘의 나와 내일의 나에게 중요한 역할을 할 수도 있다. 여기 『어린 왕자』를 쓴 생텍쥐페리처럼.

과거와 현재 경험하는 모든 일은 인생에서 중요한 역할을 할 수도 있다.

■ 생각 쓰기 ■

1. 내가 간직하고 있는 나였던 어린이의 모습을 떠올려 보자. 어떤 기억과 경험이 나에게 큰 영향을 미쳤는지, 어떤 감정이나 생각을 가지고 있었는지 등을 생각해보면, 자신이 간직하고 있는 어린이의 모습을 더 잘 알 수 있을 것이다.

2. 『어린 왕자』 공간적 배경인 '사막'이 의미하는 바는 무엇일까?

3. 친구를 찾아야 해서 여우를 길들일 시간이 없다는 어린 왕자에게 여우는 말한다.

> "사람들은 이제 무얼 알 시간조차 없어지고 말았다.
> 사람들은 다 만들어 놓은 물건을 상점에서 산단 말이야.
> 그렇지만 친구는 파는 데가 없으니까 사람들은 이제 친구가 없게 되었단다.
> 친구가 필요하거든 나를 길들여."

여우의 말이 오늘날 사람들의 관계 맺음에 시사하는 점이 무엇이 생각해 보자.

4. 이 작품을 이끌어 나가는 화자인 ‘조종사’가 의미하는 바는 무엇일까?

5. 내가 생각하는 ‘어른이 된다는 것’의 정의는?

CHAPTER 4

소통이 단절된 부조리한 삶 :

『변신』 - 카프카

인문학으로 읽는 세상

Chapter 4

소통이 단절된 부조리한 삶 : 『변신』 – 카프카

『변신』은 프란츠 카프카가 1915년에 출판한 중편 소설이다. 주인공 그레고르 잠자는 가족들을 위해 영업사원으로 성실히 일하는 가장이었다. 어느 날 아침 눈을 뜨니 벌레로 변해있었다. 가족들은 흉측한 모습으로 변한 그를 혐오하며 방에서 못 나오게 한다. 밖으로 나와 가족과 합류하려고 나왔다가 아버지가 던진 사과를 맞고 생긴 상처가 덧나 비참한 죽음을 맞는다. 어느 날 현대인이 절망 속에 유폐되는 모습을 상징하고 있다.

프란츠 카프카(1883~1924)는 20세기 초 오스트리아-헝가리 제국의 유대계 작가로, 실존주의 문학의 대표적인 작가 중 한 명이다. 카프카는 독일어로 작품을 썼으며, 그의 작품은 현실과 환상의 경계를 넘나드는 독특한 스타일과 인간의 불안과 고립, 존재의 의미 등을 탐구하는 내용으로 유명하다. 카프카는 보험 회사에서 일하면서 작품을 썼다. 그의 작품은 그의 생전에는 거의 알려지지 않았다. 그의 작품은 사후에 친구인 막스 브로트에 의해 출판되었다. 카프카의 대표작으로는 〈변신〉, 〈심판〉, 〈성〉 등이 있다.

> 방랑이 기존의 모든 공간적 지점으로부터의 분리로서
> 어느 한 곳에 고정된 것에 대한 반대 개념이라면,
> '이방인'의 사회학적 형식은
> 확실히 이 두 가지 특징이 통합된 것이다.
> (……)
> 오늘 와서 내일 가는 그러한 방랑자가 아니라
> 오늘 와서 내일 머무는 그러한 방랑자를 가리키는 것이다.
>
> – 게오르그 짐멜, 『짐멜의 모더니티 읽기』

우리는 일상을 살아가면서 '나는 누구인가?', '어떻게 살아야 하는가?' 실존을 고민한다. 카프카도 누구보다 실존에 대해 고민하는 작가였다. 그의 작품에는 현대인의 고독과 불안, 실존과 소외가 등장하기 때문이다. 작품에 등장하는 인물들의 내면적 고통과 몸부림은 카프카의 내면과 많이 닮아있다고 한다. 또한, 카프카 작품은 난해하기로 유명하다. 다양한 해석이 존재해서 읽기 시작하면 고민하며 읽게 되고 읽다가 잠들어버리는 책으로 유명하다. 그래서 먼저 프란츠 카프카가 어떤 사람인지 알아볼 필요가 있다.

카프카는 1883년에 태어나서 1924년 만 40세 이른 나이에 사망했다. 오스트리아-헝가리 제국의 시민으로 프라하에서 태어나 독일어로 작품 활동을 하였다. 오스트리아-헝가리 제국은 11개국 나라가 모인 다민족 국가로 카톨릭, 개신교, 동방정교회, 유대교, 이슬람교가 한 지붕에 모여 있었다. 유대인으로서 그의 삶의 터전은 어디에도 속하지 못한 낯섦이었다. 프라하 태생이지만 주류인 체코인이 아니었고, 독일어를 배우고 독일어로 작품 활동을 했지만 독일인도 아니었다. 그는 평생 자신의 정체성을 찾기 위해 노력하는 사람이었다. 이것이 카프카라는 인물의 특징이고, 그의 작품의 특징이다.

유대인들이 2,000년 동안 방랑하자 유럽 사회는 문호를 개방하고 그들은 유럽 사회에 동화되어 간다. 동화되어 가는 정도에 따라 서부 유대인과 동부 유대인으로 나뉜다. 동부 유대인은 전통, 문화 등을 지키는 의식이 명확한 유대인들을 말한다. 서부 유대인은 유대인으로서 최소한의 의식을 간직한 채 유럽 문화에 동화된 사람들을 말한다. 그러나 동화 유대인은 여전히 유럽 사회에 완전히 속하지 않았기에 언제든지 배척될 가능성이 있었다. 그들은 특별구역인 '게토'라는 지역에 모여 살면서 유럽 사회에서는 외부인이자 내부자이면서 이방인이었다. 토착민이면서 '오늘 와서 내일 머무는' 이방인의 특성을 모두 가지고 있었다.

카프카의 아버지는 자수성가한 상인이었지만 상류층에 소속되지 않는 서부 유대인이었다. 오스트리아-헝가리 제국의 지배층의 언어는 독일어였다. 그는 카프카를 독일 학교에 보냈다. 독일어가 성공하는 데 도움이 된다고 생각했기 때문이다. 그래서 일상적인 대화는 체코어를 사용하고 글은 독일어로 쓰게 된다. 프라하에 살고 있으면서 체코인이 아니었으며 독일어를 사용하면서도 독일인이 아니었으며 유대인이지만 유대인이 아니었다.

내 생각에 사람들이 책을 읽는다면
사람들을 물어뜯고 꽉 찌르는 그런 책만을 읽어야 할 게야.
만약에 우리가 읽는 책이 우리의 두개골을 주먹질로 일깨우지 않는다면
도대체 무엇 때문에 그 책을 읽는가?
책이 우리를 행복하게 만들어 주어서?
맙소사, 책이 없어도 우리는 행복해질 수 있지 않나.
우리가 필요로 하는 책은 우리를 아주 고통스럽게 하는 불행처럼
우리에게 영향을 미치는 책이라네.
마치 우리 자신보다 더 사랑하는 사람의 죽음처럼,
마치 우리가 사람들 사이에서 내쫓겨 멀리 숲으로 추방된 것 같은,
마치 자살과 같은 불행 말일세.
책은 우리 내면 안의 얼어붙은 바다를 깨는 도끼여야 한다네.

– 1904년 1월 27일 친구 오스카 폴락에게 보내는 편지에서

그는 중·고등학교 시절부터 글쓰기를 좋아했다. 그러나 사회적으로 성공한 인물이 되기를 바라는 아버지는 글 쓰는 것을 싫어했다. 그는 아버지의 권유로 법학을 전공하고 보험 회사에 취직한다. 이 회사는 아침에 출근해서 오후 2시까지 쉬지 않고 일을 하면 퇴근이 가능해서 글을 쓸 수 있는 시간을 가질 수 있었다. 항상 정체성에 대해 고민하던 카프카에게 글쓰기는 절박하고, 절실하고 실존적인 문제였다. 그에게 글쓰기는 왜 사는

지, 어떻게 살아야 하는지 인식을 전달하는 매개였다. 그러나 글을 쓰고 싶은 카프카와 가업을 이어받기를 원하는 가부장적인 아버지와 불화가 아주 깊었다고 한다.

『변신』은 27일 만에 완성한 작품이다. 사람들은 카프카를 유대인이라고 불렀으나 유대인 전통을 전혀 몰라 자신의 정체성에 힘들어했다. 그래서 동부 유대인 극단의 공연을 보면서 유대인 문화에 대해서 알게 된다. 철저하게 유럽 문화에 동화한 서부 유대인이었던 아버지는 아들이 동유럽 유랑 극단의 유대인 배우와 교제하자 '갑충'에 빗대며 폭언을 하였다. 아버지로부터 받은 모욕감을 배경으로 『변신』을 쓰게 된다. 가정 폭력에 의해 탄생한 비극적인 작품이지만 그는 이 소설로 세계적인 작가의 반열에 오르게 된다.

이 작품은 총 3장으로 이루어져 있다. 어느 날 아침, 그레고르 잠자가 흉측한 해충으로 변신을 하고 자신의 방에 고립되어 있다가 가족과 합류를 시도하다가 저지당하는 횟수와 일치한다. 결국, 아버지가 던진 사과를 맞고 생긴 상처로 죽음을 맞게 된다.

그레고르 잠자는 어느 날 아침 불안한 꿈에서 깨어났을 때, 자신이 잠자리 속에서 한 마리 흉측한 해충으로 변해 있음을 발견했다.

그는 장갑차처럼 딱딱한 등을 대고 누워있었는데 고개를 약간 들자,

활 모양의 각질(角質)로 나뉘어진

불룩한 갈색 배가 보였고,
그 위에 이불이 금방 미끄러져 떨어질 듯 간신히 걸려 있었다.
그의 다른 부분의 크기와 비교해 볼 때
형편없이 가느다란 여러 개의 다리가 눈앞에 맥없이 허우적거리고 있었다.

첫 문장부터 그로테스크('괴기한 것, 극도로 부자연한 것, 흉측하고 우스꽝스러운 것'등을 형용하는 말)한 분위기를 풍기며 시작한다. 대개 작품들의 첫 문장에는 작가의 중요한 특징이 담겨 있다. 그의 작품에는 첫 문장에 "모든 것이 벌써 일어났다."라는 것이다. 그래서 카프카의 작품을 '카프카적'이라고 한다. '카프카적'은 독일어 사전에 형용사로 '설명할 수 없는 방식으로 공포감과 위협을 주는 무시무시함이 카프카적인 것이다'라고 실려 있다고 한다.

일반적 구조는 왜 변신했는지? 본인이 원했을 수도 있고, 실험하다가 실수로 등 여러 가지 이유가 있다. 또한, 어떻게 변화하는지, 변화하는 과정이 있다. 그리고 마지막으로 원래대로 돌아가는 그런 결과로 이루어져 있다. 그런데 『변신』에는 첫 문장에서 현실 세계 변신으로 끝나버린다. 그레고르 잠자는 벌레로 변한 자신에 대해서 별로 놀라지 않는다. 다시 인간으로 돌아가기를 원하는 장면도 없다. 벌레로 변한 것을 원망도 하지 않는다. 그는 벌레로 변하면서 자신의 방에 유폐된다. 문 바깥쪽 가족과 사회의 공간에서 분리되어 자기 내면의 세계에 머물게 된다.

이 글에서는 변신의 의미를 양가적으로,
즉 한편으로는 유대인을 퇴화된 동물의 모습 속에서 보았던
당대 주류 사회의 부정적 타자상을 그대로 수용하면서도
동시에 이러한 갑충의 모습 혹은 변신 자체를
자아 인식과 발견의 긍정적인 계기로 해석하고자 한다.
다시 말해서 작가는 앞서 다룬 거처럼
자신의 일생에서 가장 큰 갈등이었던 아버지와 아들의 갈등,
서부 유대인으로서의 정체성 문제,
동부 유대인에 대한 선망과 동경,
글쓰기에 전념하고픈 소망 등의 문제 해결을
갑충으로의 변신을 통해 모색했던 것이다.

– 최윤영, 『카프카 유대인 몸』

카프카가 살던 시절 유대인은 아버지가 연극배우인 뢰비를 "갑충"이라고 부른 것처럼 이 사회의 벌레, 쓸모 없는 존재 등 부정적 시선으로 바라보았다. 우리도 "밥벌레", "식충", "기생충" 등으로 부르는 것처럼.

내가 언젠가 돈을 모아 부모가 그자에게 진 빚을 갚으면
… 그게 아직, 5, 6년은 걸리겠지만 …
내가 그 일을 꼭 해내면,
그러면 내 인생에 있어서 커다란 전기가 이루어질 것이다.
아무려나 우선은 일어나야겠다. 타야 할 기차가 다섯 시에 떠나니까.

가족들은 전적으로 그의 수입에 의존하고 있었다. 또 그는 아버지의 사업 실패로 진 빚을 갚기 위해 사장에게 상당한 돈을 빌린 상태였다. 그의 변신은 가족의 삶을 위협하고 공포에 휩싸이게 한다. 곧, 기존 가족이란 구성체에 변화를 예고한다. 평온한 가족 관계는 그레고르 잠자의 일방적 희생을 바탕으로 유지되고 있었다. 가족들이 경제를 책임지는 주인공에게 가졌던 고마운 마음도 어느덧 일상으로 받아들이는 모습으로 묘사된다. 그레고르는 여유가 있는 개인의 삶과 마음을 나누는 인간관계조차 누리지 못하고 생계를 위해 돈 버는 기계처럼 살아왔다. 그의 모습은 자기를 상실한 채 사회의 부속품으로 전락한 개인의 모습을 대변하고 있다. 현대 사회는 연봉이 얼마인지, 몇 평에 사는지, 성적은 어떤지, 어떤 직장에 다니는지로 평가되고 증명된다. 즉 자아 성장과 성찰은 도외시된 채 책임감과 의무감이 삶을 지배하고 있다. 주인공은 자신이 끔찍한 해충으로 변한 현실보다 직장을 잃을까 봐 걱정한다.

육신인 껍데기는 해충으로 변신했으나 의식은 가족의 생계를 책임지기 위해, 아버지의 빚을 갚기 위해 출근하려고 온몸으로 노력한다. 가족들은 그의 내면은 보지 못하고 외면에 놀라고 혐오의 반응을 보인다. 우리도 어느 날 아침에 흉측한 벌레로 바뀐 가족을 이해하고 받아들일 수 있을까? 여기서 흉측한 모습이란 사고나 병으로 일상생활이 불가능한 상태로 대입될 수 있다. 모습이 바뀌었다고 그 사람의 내면까지 바뀌었다고 할 수 없다. 그레고르도 인간의 언어로 의사를 전달할 수 없었으나 가족들이 나누는 대화를 듣고 생각할 수 있는 존재였다. 그러나 가족 누구도 그의 내면을 알아보려고 하지 않는다. 가족들의 외면은 그를 고립의 상황으로 몰아넣는다. 그가 겪어야 할 심리적 고통은 안중에 두지 않고 단지 혐오와 차가운 시선만 존재할 뿐이다.

> 그는 기분 풀이로 벽과 천장을 이리저리 가로질러 기어 다니는 습관을 들였다.
> 특히 그는 천장에 즐겨 매달려 있었다.
> 그건 마룻바닥에 누워있는 것과는 사뭇 달랐다.
> 한결 자유롭게 숨 쉴 수 있었으며 가벼운 진동이 전신을 스쳐 지나갔고,
> 그러나 보면 그레고르가 거기 꼭대기에서 빠져 있는 거의 행복한 방심 상태에서 더러,
> 그 자신도 깜짝 놀라게 떨어져 바닥에 털썩 소리를 내는 일도 있었다.

바깥 세계로 향했던 그레고르의 의식은 자신에게 향한다. 벌레로 변한 몸의 어떤 자세가 편한지, 불편한지, 자신의 방에서 좋아하는 공간이 어디인지, 창밖 풍경을 보면서 '편안하고 세상이 아름답구나' 생각까지 한다. 그레고르는 자신에게 시선을 두고 온전히 집중하게 된다. 그러나 가족들은 그를 외면하기 시작한다. 아들이자 오빠로 자신을 증명할 수 없었던 그는 이제 가족의 일원이 아니었다. 그들은 폭력과 냉대로 대했고 아버지에게 맞은 사과로 인해 병들어 간다. 김 부장, OO 엄마 등 고

유 이름보다 사회 구성원으로 변한 우리들의 모습이 곧 그레고르가 않을까? 사회에서 증명되는 것을 상실하면 우리도 겪을 수 있는 자화상이지 않을까?

"내보내야 해요."
누이동생이 소리쳤다.
"그게 유일한 방법이에요, 아버지.
이게 오빠라는 생각을 버리셔야 해요.
우리가 이렇게 오래 그렇게 믿었다는 것,
그것이야말로 우리의 진짜 불행이에요.
그런데 도대체 이게 어떻게 오빠일 수가 있지요?
만약 이게 오빠였더라면,
사람이 이런 동물과 함께 살 수는 없다는 것을 진작에 알아차리고
자기 발로 떠났을 테지요. 그랬더라면 오빠는 없더라도 계속 살아가며
명예롭게 그에 대한 기억을 간직할 수 있을 거예요.
그런데 이렇게 이 동물은 우리를 박해하고,
하숙인들을 쫓아내고,
분명 집을 독차지하여 우리로 하여금 골목길에서 밤을 지새게 하려는 거예요."

결국에는 아들이자 오빠인 그레고르는 인간이 아닌 벌레로 빨리 치워버려야 할 성가신 대상으로 전락하고 만다. 그러나 그들이 간과한 것이 있다. 육신은 징그러운 벌레이지만 그의

내면은 여전히 가족을 사랑하고 있다는 사실이다.

여동생은 카프카의 실제 여동생 모습이 투영되어 있다. 여동생이 3명 있었는데 막내 여동생이 자신의 글쓰기를 가장 지원해 주었다고 한다. 그러던 어느 날 아버지의 공장일을 함께 하던 외삼촌이 입대를 하게 되어서 카프카가 공장일을 해야 하는 상황이었다. 이때 여동생이 자신의 편을 들어주지 않아 미워했다고 한다. 그래서 작품에 가장 잔인한 인물로 등장하지 않았을까? 안타깝게도 여동생 3명은 아우슈비츠 수용소에서 사망했다고 한다. 유대인으로서 정체성을 버리고 유럽인 되고자 했던 서부 유대인은 여전히 그들에게는 유대인이었다.

> 그는 제법 쾌적하게 느꼈다.
> 그의 등에 박힌 썩은 사과와, 온통 부드러운 먼지로 덮인 곪은 언저리도
> 그는 어느덧 거의 느끼지 못했다.
> 감동과 사랑으로 가족들을 회상했다.
> 자신이 없어져 버려야 한다는 데 대한 그의 생각은
> 아마도 누이동생의 그것보다 한결 더 단호했다.
> 시계탑 시계가 새벽 세 시를 칠 때까지 그는 내내 이런 텅 비고 평화로운 숙고의 상태였다.
> 사위가 밝아지기 시작하는 것도 그는 보았다.
> 그러고는 그의 머리가 자신도 모르게 아주 힘없이 떨어졌고
> 그의 콧구멍에서 마지막 숨이 약하게 흘러나왔다.

죽음을 예감한 걸까? 여동생의 매정한 말을 모두 들었건만 그레고르의 마음은 담담하고 편안하게 그려진다. 인간으로서 자신의 존재 가치를 인정 받지 못하고 상실한 그레고르에게 남은 것은 죽음뿐이었다. 가족들은 그가 죽자 가벼운 마음으로 교외로 소풍을 가는 걸로 쓸쓸한 막을 내린다. 그레고르 잠자는 가족과 사회에서 이방인이었다.

이 작품은 1912년에 씌어져 1915년에 출간되었다. 이 시기는 세계 대공황으로 생존의 절박감이 전 세계를 휩쓸었다. 대공황의 타개책으로 일어난 1차 세계대전은 유럽 인구의 3분의 1을 죽음으로 내몰았다. 인간은 인간으로서 존재 가치에 공황 상태에 빠질 수밖에 없었다.

조직에서 비인간적인 대우를 받으면서도 가족의 생계를 위해 직장으로 출근해야 하는 현대인 일상을 대변하고 있다. 직장에서 퇴출당할지 모른다는 두려움과 불안은 행복을 가로막는다. '해고 통보'는 '너는 더 이상 우리 회사에서 존재 가치가 없어졌다.' 자본주의 사회에서 인간소외를 묘사하고 있다.

경제력 유무에 따라 존재 가치가 인정되면서 생활비를 버는 동안은 존재 가치가 인정되지만 상실했을 때 가족에게 무가치한 존재로 전락한다. 반대로 아버지, 어머니, 여동생은 경제적 활동이 없을 때는 무기력한 존재로 묘사되었으나 경제력을 가지게 되었을 때는 생동감 있는 존재로 빛을 발한다. 그런데 아이러니하게도 그레고르는 벌레가 되었을 때 인간적인 사유를 한다는 것이다. 벌레의 몸을 가지고 있으면서도 인간의 몸이었을 때 미처 하지 못했던 감성과 감각으로 정신적 존재로 살아간다.

인간이 동물이나 벌레로 변한다는 것은 사회적 의무(공적 의무)로부터 해방을 상징한다. 그레고르는 '해충'으로 변신하면서 책임과 의무의 역할을 부여하는 가장의 역할에서 벗어난다. 이는 도피나 비참한 삶으로의 전락이 아니라 자아를 상실한 '억지 인생'을 살아가야 하는 현대인의 탈출을 의미한다. 그레고르는 자신이 벌레로 변한 현실을 한 번도 원망하거나 자책하거나 하지 않는다. '나는 열심히 살았는데', '나는 착하게 살았는데'라는 원망이 없다. 그리고 다시 원래대로 돌려달라는 내용도 없다. 어쩌면 자신의 원하지 않았을까? 사회적 의무를 떠나서 온전한 존재 가치를 갖고자 하는 욕망을 표출하고 있다.

우리는 어쩌면 잠재적 그레고르 잠자다.

■ 생각 쓰기 ■

1. 그레고르 잠자의 상황을 보면서 어떤 생각이 들었나요?

2. 그레고르는 벌레로 변신한 자신의 존재를 스스로 인정했을까?

3. 결국, 그레고르는 죽게 된다. 그의 죽음을 어떻게 바라보는가?

자살(?)/타살(?)

가족이 죽인 것일까? 스스로 죽은 것일까?

나는 누구인가?

– 본 회퍼

남들은 가끔 나더러 말하기를
감방에서 나오는 나의 모습이
어찌 침착하고 명랑하고, 확고한지
마치 성에서 나오는 영주 같다는데

나는 누구인가?
남들은 종종 내게 말하기를
간수들과 대화하는 내 모습이
어찌 자유롭고 사근사근하고 밝은지
마치 내가 명령하는 것 같다는데

나는 누구인가?
남들은 또 나에게 말하기를
불행한 나날을 견디는 내 모습이
어찌 평온하게 웃으며 당당한지
늘 승리하는 사람 같다는데

남들이 말하는 내가 참 나인가?
나 스스로 아는 내가 참 나인가?
새장에 갇힌 새처럼 불안하고 그립고 병약한 나
목 졸린 사람처럼 숨을 쉬려고 버둥거리는 나
빛깔과 꽃, 새소리에 주리고

따스한 말과 인정에 목말라하는 나
방자함과 사소한 모욕에도 치를 떠는 나
좋은 일을 학수고대하며 서성거리는 나
멀리 있는 벗의 신변을 무력하게 걱정하는 나
기도에도 생각에도 일에도 지쳐 멍한 나
풀이 죽어 작별을 준비하는 나인데

나는 누구인가?
이것이 나인가? 저것이 나인가?
오늘은 이 사람이고 내일은 저 사람인가?
둘 다인가?
(….)

나는 누구인가?

남들은 가끔 나더러 말하기를
(　　　) 나의 모습이
어찌 (　　　　　)확고한지
마치 (　　　　　)같다는데

나는 누구인가
남들은 종종 내게 말하기를
(　　　) 내 모습이
어찌 (　　　　　) 밝은지
마치 (　　　　　) 같다는데

나는 누구인가
남들은 또 나에게 말하기를
(　　　) 견디는 내 모습이
어찌 (　　　　　)한지
늘 (　　　　　　　　　　) 같다는데

남들이 말하는 내가 참 나인가?
나 스스로 아는 내가 참 나인가?
(　　　)처럼 (　　　　　)하고 (　　　　　　) 나
(　　　)처럼 (　　　　　) 나

빛깔과 꽃, 새소리에 주리고
(　　) 말과 (　　　　) 목말라하는 나
(　　)과 (　　　　　)에도 (　　　　) 나
(　　)을 학수고대하며 (　　　　　　　) 나
멀리 있는 (　　　　　)을 걱정하는 나
기도에도 생각에도 일에도 지쳐 멍한 나
풀이 죽어 작별을 준비하는 나인데

나는 누구인가?
이것이 나인가? 저것이 나인가?
오늘은 이 사람이고 내일은 저 사람인가?
둘 다인가?
(….)

CHAPTER

5

우리가 살아가는 힘 :

『사람은 무엇으로 사는가』 - 톨스토이

인문학으로 읽는 세상

Chapter

5 우리가 살아가는 힘 :
『사람은 무엇으로 사는가』 – 톨스토이

『사람은 무엇으로 사는가』는 1885년 출간된 단편소설로 기독교 신앙이 담긴 작품이다. 가난한 구두장인 세몬이 하나님에게 벌을 받고 세상에 온 미하일을 만나면서 집으로 데리고 오면서 이야기가 시작된다. 하느님의 벌을 받아 세상으로 온 미하일은 세몬과 살면서 '사람의 마음에는 무엇이 있는가?', '사람에게 주어지지 않은 것은 무엇인가?', '사람은 무엇으로 사는가?' 깨닫고 하늘로 가는 내용이다. 삶에 대한 근본적인 질문과 답변을 담고 있다.

레프 니콜라예비치 톨스토이(1828~1910)는 러시아의 대표적인 소설가이자 시인, 개혁가, 철학자이다. 19세기 러시아 문학의 거장으로 꼽히며, 그의 작품은 전 세계적으로 사랑받고 있다. 인간의 내면과 사회적인 문제를 깊이 있게 다루며, 현실적이고 사실적인 표현으로 작품을 썼다. 〈전쟁과 평화〉, 〈안나 카레니나〉, 〈부활〉 등이 가장 유명하다. 또한, 사회 개혁과 철학적인 사상으로도 알려져 있다. 그는 평화주의, 도덕주의, 인간해방 등의 사상을 주장하며, 그의 작품은 이러한 사상을 반영하고 있다. 톨스토이는 작품과 사상으로 인해 전 세계적으로 사랑받고 있으며, 그의 영향력은 오늘날까지도 계속해서 이어지고 있다.

"꼭 기억하시오.

가장 중요한 때는 바로 지금이라는 걸 말이오.

바로 지금이 가장 중요한 이유는 그때에만 우리가 가진 힘을 발휘할 수 있기 때문이오.

그리고 가장 중요한 사람은 지금 함께 있는 사람이오.

앞으로 또 다른 사람과 관계를 맺게 될지 어떻지는 아무도 알 수 없기 때문이지요.

그리고 가장 중요한 일은 함께 있는 그 사람에게 선을 행하는 것인데,

오직 그 하나를 위해 인간은 이 세상에 온 것이기 때문이오!"

– 톨스토이, 『세 가지 질문』

살다 보면 마음먹은 대로 이루어지기보다는 이루어지지 않는 일이 더 많고, 행복과 기쁨보다는 고통과 시련, 슬픔, 절망이 더 가까이 삶을 지배하고, 배려와 감사보다는 욕심과 탐욕에 현혹되어 갈팡질팡한다. 그래서 우리는 '어떻게 살아야 하는지?'에 대해 고민을 한다. 『전쟁과 평화』, 『안나 카레니나』 등 약 90여 권의 책을 쓴 톨스토이도 '어떻게 쓸 것인가?' 고민보

다는 '어떻게 살 것인가?'에 고민을 하는 작가였다. 그의 작품 속에는 그런 고민이 고스란히 담겨 있다.

톨스토이가 찾은 해답은 '성장'이었다. 여기서 말하는 성장은 단순한 시간적 · 물리적인 성장이 아닌, 인간의 내면적인 성장과 도덕적인 성장을 의미한다. 그는 인간의 내면적인 성장과 도덕적인 발전을 통해 진정한 의미의 성장을 이룰 수 있다고 믿었다. 그래서 자신의 작품과 철학을 통해 인간의 내면적인 성장과 도덕적인 발전에 대한 중요성을 강조하며, 독자들에게 성찰과 성장을 독려하고자 했다.

톨스토이의 성장은 외적 성장이 아닌 내적 성장을 우선하고 있다. 나를 알고, 이해하면서 나와 훌륭한 관계를 맺으면서 성장이 시작된다고 생각했다. 또한, 나를 이해하기 위해서는 너 속에 비친 나를 알아야 한다고 했다. 다시 말해서 나와 나의 관계, 나와 너의 관계를 올바르게 정립해가는 과정이 성장이라고 생각했다. 상대방이 없는 나는 무의미하며 나를 제대로 알려면 상대방에게 비친 나를 아는 것이 중요하기 때문이다.

그에게 예술이란 반드시 어떤 실용적인 목표가 있는 것이어야 한다고 생각했다. '어떻게 살 것인가?'를 대중에게 전파하는 것이 목적이었기 때문에 현란하거나 복잡한 문장이 아닌 쉬운 문체로 작품을 썼다. 그래서 톨스토이 작품은 생각보다 쉽다. 이 말에 고개를 갸웃거릴 수도 있다. 『전쟁과 평화』 완독은 힘들다. 내용이 어려워서 완독이 힘든 건 아니다. 읽어 보면 난해한 문장, 화려한 수사, 복잡한 문장이 없다. 비유도 굉장히 단순하다. 완독이 힘든 이유는 너무 긴 장편이어서(민음사에서

출판한 『전쟁과 평화』, 1권 700쪽, 2권 760쪽, 3권 780쪽, 4권 748쪽), 559명에 이르는 등장인물과 등장인물 하나에 보통 3~5개 이름과 애칭(인물의 나이에 따라 부모, 친구, 연인 사이에 부르는 애칭이 다름)에 머리가 아파 포기하는 경우가 많다. 등장인물의 이름에만 익숙하면 읽기가 수월해진다. 완독을 목표로 한다면 등장인물의 이름표를 만들어 놓고 읽으면 2권쯤 들어가면 어느 정도 인물 간 관계에 익숙해서 편해진다. 톨스토이는 추상적, 관념적, 현학적인 것을 배척하고 구체적, 실용적, 현실적으로 글을 쓰는 작가이기 때문이다. 만약 『전쟁과 평화』를 완독한다면 독서력은 크게 향상할 것이고, 독서에 대한 두려움도 사라질 것이다. 무엇보다도 나도 『전쟁과 평화』를 완독했다는 자부심이 생기게 될 것이다.

톨스토이의 삶에서 빼놓을 수 없는 사람이 아내 소피아다. 소피아는 소크라테스 아내 크산티페, 모차르트 아내 콘스탄트와 함께 세계 3대 악처로 불리고 있다. 톨스토이 34살, 소피아 18살 때 결혼하여 검은 머리가 파뿌리 될 때까지 싸웠다. 82세에 부부 싸움을 하고 가출한 톨스토이는 일주일 후 폐렴으로 사망하게 된다. 죽기 직전까지 소피아와 화해를 하지 않아 장례식장에 못 오게 하라는 유언을 남기기도 하였다. 그럼에도 불구하고 소피아와의 결혼은 그에게 창작의 시대를 열어주었다. 그녀와 결혼 이후에 대작들이 대부분 쓰였기 때문이다. 톨스토이는 지독한 악필이었다. 아내인 소피아만이 그의 글을 알아볼 수 있었다. 남편이 글을 쓰면 소피아가 옮겨 적었다. 『전쟁과 평화』를 6번씩 옮겨 적는 등 톨스토이 작품은 그녀의 손을 통해 태어날 수 있었다. 유모도 없이(톨스토이가 허락하지 않아서) 13명(4명은 조기 사망)의 아이를 혼자 키우면서 영지까지 관리했다고 한다.

『사람은 무엇으로 사는가』는 러시아에 전해 내려오는 민담을 바탕으로 1882년에 출판된 작품이다. 이 작품은 삶에 대한 근본적인 질문과 그 고민에 대한 실제적인 답변을 담고 있다.

> "도대체 너는 뭘 하는 거야. 세몬.
> 사람 하나가 봉변을 당해 죽어가고 있는데,
> 겁을 집어먹고 슬쩍 도망치려고 하느냐?
> 네가 뭐 큰 부자라도 된단 말이냐?
> 가진 물건을 빼앗길까 봐 겁이 나는가?
> 세몬, 그건 잘하는 일이 아니야!"
> 그리하여 세몬은 사나이에게 되돌아갔다.

추운 겨울밤 길을 가다가 가난한 구두수선공인 세몬은 벌거숭이 상태로 떨고 있는 미하일이라는 남자에게 동정심을 느끼고 자신이 입던 외투를 벗어 준다. 그 외투는 한 벌밖에 없어 아내와 번갈아 입는 옷이었다. 그걸 처음 본 사람에게 벗어 준 거다. 그리고 자신의 털장화까지 주고 집으로 데려간다. 아내 마트료나는 화가 났지만 가엾어 보여 내일 먹으려고 남겨두었던 빵을 준다. 그러자 미하일은 싱긋 웃는다.

"(……)

나는 일 년을 신어도 찢어지지 않고, 모양이 변치 않는 장화를 원해.

그렇게 만들 수 있으면 일에 착수하여 가죽을 재단해.

하지만 안 될 것 같으면 손도 대지 마라.

미리 말해 두겠는데, 만약 장화가 일 년도 채 되지 않아 찢어지거나 모양이 변한다면

네놈을 감옥에 넣어 버릴 테니까.

만약 장화가 일 년도 채 되지 않아

찢어지거나 모양이 변하지도 않고 찢어지지도 않으면

상으로 10루블을 주겠다."

미하일은 세몬의 집에서 함께 살며 구두 수선 일을 돕는다. 1년이 지난 어느 날 모피 외투를 입은 돈 많은 신사가 가죽을 들고 와 1년을 신어도 튼튼한 장화를 주문한다. 그 말을 들은 미하일은 싱긋 웃는다. 그런데 신사가 주문한 장화 대신 죽은 사람이 신는 슬리퍼를 만든다. 세몬은 미하일의 큰 실수에 깜짝 놀라지만 더 놀라운 일이 벌어진다. 신사의 하인이 찾아와 주인이 갑자기 죽어 슬리퍼를 만들어 달라고 한다. 미하일은 예상했다는 듯 만들어 둔 슬리퍼를 하인에게 준다.

러시아에서는 죽은 사람에게 슬리퍼를 신기는 풍습이 있다. 이는 종교적인 의미와 문화적인 의미를 함께 담고 있다. 러시아에서는 죽은 사람을 장례식장에서 집으로 데려와 가족들과 함께 지내는 시간이 있다. 슬리퍼는 집에서 편안함과 따뜻함을

상징하는 물건이다. 따라서 슬리퍼를 신김으로써 죽은 사람이 집에서 편안하고 따뜻하게 쉴 수 있도록 하는 의미를 담고 있다. 또한, 슬리퍼는 죽은 사람이 다음 세계로 가는 여정에서 필요한 물건으로 생각하고 있다. 슬리퍼를 신김으로써 죽은 사람이 다음 세계로 편안하게 이동할 수 있도록 하는 의미를 담고 있다.

"벌써 육 년 전 일입니다.
이 두 아이는 일주일도 못 되어 천애 고아가 돼 버렸던 거예요.
아버지는 두 아이가 태어나기 사흘 전에 죽고,
어머니는 아기를 낳고 하루도 못 살았으니까요.
(……)
그런데 갓난아이 둘만 남았으니 정말로 큰일이지 뭡니까.
거기 모인 여자 중에 젖먹이가 있는 사람은 나뿐이었어요.
나는 그때 낳은 지 겨우 8주밖에 안 되는 첫아들에게 젖을 주고 있었죠.
그래서 내가 임시로 두 계집아이를 맡기로 했어요."
(……)

다시 세월이 지나 미하일과 함께 산 지 6년이 되었다. 어느 날, 마리아라는 여자가 쌍둥이 여자 아이를 데리고 와서 구두를 주문합니다. 마리아는 태어나자마자 부모를 잃고 고아가 된 아이들이 불쌍해서 입양해 친딸처럼 키우고 있다고 말한다. 그때 미하일이 앉아 있는 쪽 구석에서 섬광이 비쳐와 온 방안이

환하게 밝아졌다. 모두가 놀라 그쪽을 돌아다보니 미하일은 두 손을 무릎 위에 얹고 위를 쳐다보면서 싱긋 웃고 있었다.

미하일은 하늘의 천사였다. 쌍둥이 아이들 어머니의 영혼을 데리러 갔다가 아이들이 클 때까지 기다려 달라는 부탁을 듣고 안타까움에 되돌아가게 된다. 천사 미카엘은 하느님이 말씀하신 내용을 지키지 못해 세 가지 질문의 답을 찾을 때까지 인간 세상에서 지내게 된다.

미카엘은 첫 번째 질문인 '사람의 마음속에는 무엇이 있는가?'에서 자신을 돌보아 준 구두장이 세몬과 그의 부인 마트료나를 통해서 사람의 마음속에는 '사랑'이 있음을 깨닫는다. 두 번째 질문인 '사람에게 주어지지 않은 것은 무엇인가?' 에서는 곧 죽을 신사가 1년을 신어도 끄떡없는 구두를 주문하는 것을 보고사람은 앞으로 자신에게 일어날 일을 알지 못하고, 자신에게 정말 필요한 것이 무엇인지 알지 못한다는 것을 알게 된다. 그리고 자기에게 진정 필요한 것이 무엇인가를 아는 지혜가 필요하다는 사실을 깨닫는다. 세 번째 '사람은 무엇으로 사는가?' 질문에서는 엄마 잃은 아이들을 사랑으로 키우는 부인을 보고 '사랑으로 살아가는 것'이란 답을 찾아낸다. 세 가지 질문의 답을 깨달은 미카엘은 천사가 되어 하늘로 올라가면서 다음과 같이 말한다.

"하느님께서는 인간이 뿔뿔이 떨어져 사는 것을 원하지 않으신다.

그렇기 때문에 인간 각자에게 무엇이 필요한가를 계시하지 않았던 것이다.

인간이 하나로 뭉쳐 사는 것을 원하시기 때문에

우리들에게 모든 인간은 자신을 위해서 또 만인을 위해서 무엇이 필요한가를 계시하신 것이다. 이제야 말로 나는 깨달았다.

모두가 자신을 걱정함으로써 살아갈 수 있다고 생각하는 것은

다만 인간들이 그렇게 생각하는 것일 뿐, 사실은 사랑에 의해 살아가는 것이다."

미하일은 사람은 어울려 살아야 한다고 말한다. 사람은 자신에게 필요한 것이 무엇인지 모르기 때문이다. 서로가 서로의 부족함을 채워주고 이끌어주는 공동체로 함께 해야 한다고 한다. 사랑은 눈에 보이지 않지만 세상 모든 것을 포용할 수 있는 큰 힘을 가지고 있다. 사랑은 다시 일어서게 만드는 원동력을 가지고 있다고 말한다.

이 작품은 삶에서 우리의 존재 이유는 무엇일까? 대해서 깊게 사유하는 시간을 갖게 한다. 나와 나 자신과의 관계, 사람과 사람 사이의 관계 속에서 존경, 숭배, 우정 등등 훌륭한 감정의 표현들은 '사랑'으로 집결할 수 있다. 하루를 살아가면서 아무 생각 없이 무의미하게 산다고 하더라도 한 번 이상 찰나의 감정을 느끼는 순간이 있다. 무엇인가? 또는 누군가에게 미약하지만 작은 관심을 가지게 되는 순간의 감정도 '사랑'이라고 말할 수 있다. 다시 말해서 나란 존재, 나 이외 다른 존재에 대해

생각을 하게 되는 원동력은 '사랑'이며 이를 위해서는 그러함에 모든 일에 감사하라는 '범사에 감사하라' 실천이 필요하다. 즉 바람직한 나와 나 자신과의 관계 · 나와 세계의 관계를 원한다면 작은 일에도 감사하고 그 마음을 '사랑'으로 실천해야 한다.

> 깊은 강물은 돌을 집어 던져도 흐려지지 않는다.
> 모욕을 받고 이내 발칵하는 인간은 작은 웅덩이에 불과하다.
>
> – 톨스토이

■ 생각 쓰기 ■

1. 나에게 삶이란 무엇인가?

2. 나는 무엇을 믿고 사는 것인가?

3. 나의 존재 이유는 무엇일까?

CHAPTER 6

기억의 두 얼굴 :

『햄릿』 - 셰익스피어

인문학으로 읽는 세상

Chapter 6

기억의 두 얼굴 : 『햄릿』 – 셰익스피어

『햄릿』은 셰익스피어의 대표작 중 하나이다. 덴마크 왕자 햄릿이 아버지의 죽음 배후에 삼촌 클로디어스가 있다는 것을 알게 되면서 벌어지는 이야기이다. 아버지의 유령으로부터 클로디어스가 아버지를 살해하고, 어머니 거트루드와 결혼한 것을 알게 된다. 햄릿은 미친 척을 하면서 클로디어스를 속이고, 아버지의 죽음을 복수하기 위한 계획을 세운다. 하지만 복수에 대한 고민과 인간의 본성에 대해 깊은 생각을 하게 되면 복수의 실행을 미루게 된다. 그 결과, 주변 인물들이 죽어 나가고, 햄릿 역시 죽음에 이르게 된다. 『햄릿』은 인간의 본성과 복수, 삶의 의미 등에 대해 깊이 생각하게 하는 작품이다.

윌리엄 셰익스피어(1564~1616)는 영국의 극작가, 시인으로, 세계 문학 및 연극 역사상 가장 위대한 작가 중 한 명으로 평가받고 있다. 그는 16세기 말부터 17세기 초에 걸쳐 작품을 썼으며, 그의 작품은 거의 모든 현대 문학과 연극에 큰 영향을 미쳤다.

셰익스피어는 약 38편의 연극과 154편의 소네트를 썼다. 그중에서도 『햄릿』, 『맥베스』, 『오셀로』, 『리어왕』 등의 4대 비극과 『로미오와 줄리엣』, 『한여름 밤의 꿈』 등이 유명하다. 그의 작품은 인간의 복잡한 감정과 심리, 인간관계, 정치와 사회 등 다양한 주제를 다루고 있다. 표현력과 문학적 기교, 인간의 본성과 삶의 의미 등에 대한 깊은 고찰 등으로 인해 많은 사람들에게 사랑받고 있다.

셰익스피어는 또한 새로운 단어와 표현을 만들어내는 능력으로도 유명하다. 그의 작품은 현대 영어의 발전에 큰 영향을 미쳤으며, 작품 중 많은 것들이 오늘날에도 연극과 영화, 문학 등에서 계속해서 재해석되고 있다.

영국 BBC가 선정한 지난 천 년간 최고의 작가

"인도는 넘길 수 있어도 셰익스피어는 못 넘긴다."

엘리자베스 여왕 시절 극작가로 활동하며 24년간 38편의 작품을 발표하고 최고의 찬사와 명성을 얻고 현재도 찬사와 명성을 이어가는 윌리엄 셰익스피어.

영어는 셰익스피어 이전과 이후로 나뉜다고 한다. 셰익스피어 이전까지 언어로서 영어는 위상이 낮았다. 셰익스피어가 작품 활동을 시작하면서 문학의 언어로 영어 위상이 높아졌다고 한다. 옥스퍼드 인용 사전에 따르면 새롭게 만든 단어가 2,000

여 개이고 글이나 말로 가장 많이 인용된 구절들의 약 1/10이 셰익스피어가 만든 것이라고 한다. 그냥 만든 것이 아니고 처음 본 사람도 어감으로 충분히 유추가 가능한 단어라고 한다. 따라서 셰익스피어는 서양 문학뿐만 아니라 서양 문화의 기틀을 마련한 인물이라고 할 수 있다.

셰익스피어 작품을 읽으면 뇌의 반응이 달라진다고 한다. 그의 작품들을 보면 기존 언어로 설명이 안 되는 미묘하고 복잡한 감정들을 은유적으로 표현하고 있다. 다시 말해서 대상을 다른 대상에 비유해서 표현하는 은유적 표현들이 많다. 그래서 셰익스피어 작품들을 읽으면 서로 연결성을 찾기 위해 뇌의 쓰이지 않던 부분을 사용하게 된다. 셰익스피어의 작품을 읽은 후 뇌의 반응을 보면 뇌의 특정 부분이 빨갛게 활성화된다고 한다. 교육적으로도 모호한 은유가 많이 들어간 책을 읽으면 효과가 있다고 한다. 은유가 0%인 책은 사전이다. 사전류를 많이 읽으면 AI(인공지능)가 대체할 수 있는 지식형 인간이 되고 은유적 표현이 많은 책을 읽으면 새로운 연결성을 찾을 수 있는 미래형 인간이 될 수 있다. 그래서 셰익스피어 작품이 오늘날까지 고전으로써 반드시 읽어야 할 필독서가 된 까닭이다.

세계 4대 비극인 〈햄릿〉, 〈오셀로〉, 〈리어왕〉, 〈맥베스〉는 햄릿을 '극작가들의 아버지'라고 칭해도 반박 불가능한 대문호이다. 유명한 극작가의 호칭답게 그는 유언장을 한 연극의 장면처럼 남겼다.

내 첫째 딸 수재너 홀에게 내 모든 동산과 부동산을 양도한다.
내 둘째 딸 주디스 홀에게 내가 쓰던 은잔을 남긴다.
내 아내에게는 두 번째로 좋은 침대를 남긴다."

세계사를 통틀어 오리무중의 유언장으로 전무후무하다. 유언장의 내용은 사람들에게 호기심을 남겼다. 첫째 딸에게 전 재산을 주고, 둘째 딸에게는 새 은잔도 아니고 자신이 쓰던 은잔을, 아내에게는 첫 번째로 좋은 침대가 아니고 두 번째로 좋은 침대를 남기다니 형평에 어긋난 유산 분배 방식도 문제였지만 과연 그 의도는 무엇이었을까? 가는 날 마지막까지 셰익스피어는 극작가로서 네버 엔딩의 연출을 하고 갔다. 셰익스피어가 살던 시대에는 도굴이 성행하였다. 그래서 사후 자신의 무덤도 도굴이 될까 봐 다음과 같은 묘비명을 남긴다.

묘비명
여기 묻힌 유해가
도굴되지 않도록
예수의 가호가 있기를
이 돌무덤을 보존하는 자에게는
축복이 있을 것이며,
나의 유골을 옮기는 자에게는
저주가 있으리라

셰익스피어의 4대 비극 중 『햄릿』은 오늘날까지 가장 사랑받는 작품이다. 이 작품은 다른 작품들과 달리 소설본과 희곡본이 주는 몰입도가 다르다. 희곡은 독자가 아닌 관객과 함께 호흡하며 즉각적인 소통이 이루어지는 것이 무엇보다 중요하다. 『햄릿』은 관객을 의식하여 쉬운 내용과 아름다운 문체로 구성되어 있다. 또 기승전결이 흥행 요소인 유령, 배신, 음모, 로맨스, 권력다툼, 복수, 살인 등이 적재적소에 배치되어있다. 그래서 읽는 독자들, 보는 관객들에게 끝날 때까지 불안감과 긴박감을 놓지 못하게 한다. 특히 첫 장에 나오는

"누구요?"

보초병의 질문은 〈햄릿〉을 읽는 독자들에게 어느 순간

"넌 누구니?"

이 작품을 읽는 나는 누구일까? 라는 질문이 되돌아오게 한다. 작품 속 각각의 인물들도 자신에 대해서 의문을 품고 흔들리고 망설이는 심리를 보여준다. "누구요?" 질문은 작품 전체를 아우르는 중요한 질문이다. 또 『햄릿』이 공연되는 시기에 극장에는 무대 장치가 따로 없는 상황에서 밤이라는 시간적 배경과 함께 긴장감을 불러일으키게 했다.

『햄릿』은 '엘시노어 성의 미스터리'로 시작한다.

"쉬, 그만해. 저것 봐, 그게 다시 왔어."

얼마 전부터 죽은 왕의 유령이 자정이면 나타난다. 독일에서 공부하던 햄릿은 아버지인 왕의 갑작스러운 사망 소식을 듣고 급히 덴마크로 돌아와 있는 중이었다. 아버지의 사망 원인은 낮잠을 자다가 독사에 물려 죽었다고 했다. 독사에 의한 사고사라는 것이다. 이런 황당한 사고사와 함께 아버지의 동생인 숙부가 왕위를 차지한다. 왕위 계승자인 햄릿이 있음에도 불구하고 말이다. 또 아버지의 장례가 끝난 지 한 달도 안 되어서 엄마인 왕비가 숙부와 결혼을 한다.

햄릿은 아버지 죽음에 대한 의문과 이해 불가인 상황에 혼돈에 빠져 있는 가운데 아버지 유령 이야기를 듣게 된다. 햄릿은 자정에 나타나는 아버지를 만나게 된다.

"정원에서 자고 있을 때,
오후에는 그게 항상 습관이었으니까,
내가 방심하고 있을 시간에
네 삼촌이 저주받을 독즙병을 가지고 몰래 들어와,
나병증을 일으키는 증류액을 내 귀에 쏟아부었는데,
그 효능이 사람의 피와는 극도로 상극이라(……)
그리하여 난 자다가 동생 손에 의해 생명, 왕관, 왕비를
한꺼번에 빼앗기고

> 한창 죄업을 쌓고 있는 중에 잘렸으니,
> 성체 받고 기름 바르는 고해성사도 없이,
> 죄를 청산하지도 못하고
> 온갖 결함을 내 머리에 인 채 심판대로 보내졌다.
> 아, 무섭다! 아, 무섭다! 정말 무섭다!
> 네게 효성이 있다면 참고 있지 말아라.
> 덴마크 왕의 침실이 음욕과 저주를 부르는 상피붙는 잠자리가 되지 않게 하여라."

아버지 유령은 햄릿에게 잠자는 중에 동생에 의해 목숨과 왕관, 왕비를 모두 잃어버렸다며 복수를 해달라고 부탁한다. 또 자신은 회개하지 못하고 죽어 천국으로 가지 못하고 구천을 떠돌고 있다고 한다. 우리가 햄릿이었다면 어떻게 했을까? 햄릿은 숙부가 자신의 죄가 밝혀질지도 모른다는 두려움에 자신을 죽일지도 모른다는 생각을 한다. 그래서 햄릿은 미친 척하는 연기를 한다.

『햄릿』을 이해하기 위해 등장인물의 관계를 먼저 살펴보자. 선왕인 아버지가 의문사하자 숙부인 클로오디스가 형수인 거트루드와 결혼한다. 숙부를 보좌하는 폴로니어스에게는 오필리아라는 딸이 있다. 오필리아는 햄릿이 마음에 담고 있는 여인이었다. 숙부인 클로오디스는 폴로니어스에게 햄릿이 정말 미쳤는지 알아보라고 한다. 그래서 폴로니어스에게 햄릿의 상태가 어떤지 물어본다. 오필리어는 햄릿의 구애에 거절했다고 말한다. 그 말을 들은 폴로니어스는 햄릿이 오필리어 때문에 상사병에 걸려 미쳤다고 확신한다.

그러한 가운데 햄릿은 〈쥐덫〉이라는 시나리오를 쓰고 연극을 공연할 계획을 짠다. 〈쥐덫〉은 왕이 풀숲에서 잠을 자고 있는데 한 남자가 나타나 왕의 귀에 독을 부어 독살하고 죽은 왕의 아내와 결혼한다는 내용이었다. 한마디로 아버지의 사건을 연극으로 그대로 '복사'해서 '붙여넣기'한 것이었다.

한편 햄릿은 아버지의 복수를 두고 고뇌하며 괴로워한다.

살 것인가, 살지 않을 것인가-그것이 문제로구나.
난폭한 운명의 화살과 돌팔매질을 정신으로 견딜 것인가,
아니면, 고통의 바다와 전쟁을 벌이고
저항함으로써 고통을 끝낼 것인가,

어느 쪽이 더 고결한가? 죽는 것은 잠드는 것
그뿐; 한 번 잠으로 인간이 물려받은 마음의 아픔과
수 천 가지 육신의 고통을 끝낼 수 있다면
-그것이야말로
간절히 원해야 할 종결이 아닌가?
 죽는 것은 잠자는 것,
잠자는 것은 어쩌면 꿈꾸는 것,
그래, 거기서 걸리는구나."

이 대사는 햄릿이 자살하려고 단도를 가지고 절벽에서 하는 독백이다. 하지만 독백 도중 단도를 절벽 아래 바다로 떨어뜨리는 바람에 자살의 의지를 상실하게 된다. 이 독백의 중요한 점은 소외라기보다는 죽으려고 하는 이유가 다른 곳으로 가서 더 좋은 삶을 살고자 하는 것이 아니다. 사는 것이 정말 싫어서 모든 것이 끝났으면 좋겠다는 생각으로 죽으려고 했다. "죽는 것은 잠자는 것, 잠자는 것은, 어쩌면 꿈꾸는 것."이라고 이야기하는 순간 걸리게 된다. 죽는 것은 잠드는 것이라는 것은 잠깐 잠든 후 다시 깨어나는 것을 의미한다. 또한, 잠자는 동안 또 악몽 같은 삶을 살게 된다면? 어떻게 하나 하는 고민을 하게 된다. 죽음이 절대적 종결이 될 수 있을까? 하는 죽음의 불확실성에 의문을 가진다.

삶과 복수에 대한 고민은 오필리아에게 화살이 간다. 오필리아에게 수녀원이나 가버리라고, 결혼한다면 '저주'를 결혼 지참금으로 주겠다는 가혹한 말로 상처를 준다. 오필리아를 향한 마음을 접고 정을 떼기 위한 햄릿의 말은 독설이 되어 치유할 수 없는 상처를 주게 된다.

햄릿은 연극을 공연하는 당일 친구에게 숙부인 클로디어스 왕의 표정이 어떻게 변하는 잘 관찰하라고 한다. 도둑이 제 발 저리는 듯이 아버지를 독살했다면 표정의 변화가 일어나기 때문이다. 예상한 대로 왕은 공연을 보다가 부들부들 떨다가 나가버린다. 그 모습을 보고 햄릿은 숙부가 아버지를 독살하였음을 확신하고 복수를 다시 한번 결심한다.

그날 밤 홀로 회개의 기도를 하는 숙부를 살해하려고 했으나 할 수가 없었다. 어떤 죄를 지었든지 회개의 기도를 한 사람은 죽어서 천국을 갈 수 있기 때문이다. 당장 숙부를 죽이면 육신에는 복수를 할 수 있으나 영혼에는 복수할 수 없는 상황이 벌어지게 된다. 햄릿은 숙부가 또 다른 죄를 지을 때까지 기다리기로 결심하고 복수를 미루게 된다. 이 장면 때문에 햄릿은 우유부단함의 대명사라는 불명예를 안게 된다. 우유부단한 행동이라기보다는 신중한 성격이 아닐까? 숙부인 클로디어스를 죽이면 왕실과 덴마크 전체가 위기에 처할 수 있다. 그래서 햄릿에게 고민이 필요하지 않았을까? 연극이기 때문에 독백이나 방백이 대사로 모두 드러난다. 드라마나 영화는 행동이나 표정으로 묘사가 되지만 연극은 아니다. 그래서 희곡의 장르적 특성으로 인해 우유부단해 보이지 않았을까?

'결정 장애'는 넘쳐 나는 정보들과 수동적인 생활 습관들로 인해 결정에 어려움을 느끼는 것을 말한다. 햄릿도 아버지의 복수를 결행하는 과정에서 끊임없는 고민과 고뇌를 한다. 그래서 우리는 결정 장애를 '햄릿 증후군'이라고도 부른다. 햄릿 증후군은 살아오면서 어떤 일에서 만족감을 느끼지 못해 본 사람들, 반대로 햄릿처럼 태어날 때부터 완벽한 누리는 삶을 살았기 때문에 성취감을 경험해보지 못한 사람들이 결정 장애를 겪는다. 생각은 이성적으로, 논리적으로 할 수 있으나 행동으로 옮기는 결정은 감정의 결재를 받아야 한다. 따라서 감수성에 민감한 사람이 결정 장애를 겪는다고 할 수 있다.

햄릿은 우유부단하기보다는 신중한 인물이라고 할 수 있다. 연극으로 아버지의 살해를 확신하고 복수를 결심하였으나 기도

하며 회개하는 모습을 보고 뒤로 미루는 것은 우유부단이 아니라 클로우디스의 영혼마저 지옥에 보내려고 하는 의도였다.

괴테는 우유부단한 햄릿이라는 평가에 대해서 새로운 해석을 내놓는다. 『빌헬름 마이스터의 수업 시대』에서 "햄릿은 너무나 고결하고 도덕적이어서 복수하기에는 적당하지 않은 사람이다"라고 말한다. 햄릿은 우리 인간처럼 감성적인 인간이기 때문이라고 말한다. 복수할 수 없는 사람이 복수했을 때 어떤 일이 벌어지는가를 보여준다고 했다. 또 "아주 작고 예쁜 화분 속에다가 커다란 참나무를 심는 것과 같다." 하였다.

햄릿은 '사람이 어떤 행동을 할 때 무엇이 필요한가?'에 대한 해답도 제시한다. 여기서는 복수지만 "어떤 일을 할 때 명분과 의지와 능력과 상황이 맞아야 한다." 하며 네 가지 중 어느 하나라도 빠지면 완전하지 않은 복수라고 생각한다. 햄릿의 이 말은 인생의 체크 리스트로 삼을 정도로 완벽한 대사이다. 햄릿은 이 목록에 따라 행동한 사람이다. 따라서 햄릿은 이 네 가지를 맞추기 위한 것이지 우유부단은 아닌 것 같다.

햄릿은 어머니인 왕비에게 아버지와 숙부의 초상화를 가리키며 재혼에 대해 비난할 때 커튼 뒤에서 엿 듣던 오필리어의 아버지를 칼로 찔러 죽인다. 이때 아버지 유령이 나타난다. 햄릿의 눈에만 보이는 아버지 유령과의 대화를 본 왕비는 아들이 정말 미쳤다고 생각한다. 아버지인 폴로니어스의 사망 소식을 듣고 프랑스에서 공부하고 있던 레어티즈가 돌아와 복수를 결심한다. 햄릿의 복수는 부메랑이 되어 끔찍하고 비극적인 엔딩으로 치닫는다. 오필리어는 미쳐서 물에 빠져 죽고 레어티즈는 아버지의 복수를 위해 왕인 클로디어스와 음모를 꾸민다. 독을 바른 칼과 독을 든 잔, 죽음의 검술 경기를 하게 된다.

> "여보게, 날 용서하게. 내가 잘못했어.
> 그러나 자네는 신사이니, 용서하게.
> 내가 정신이상으로 어떻게 벌 받는지 여러분이 알고 자네도 필시 들었겠지,
> 내가 했던 일, 자네의 효성, 명예심, 그리고 반감을 거칠게 일깨웠을 그 일은
> 광기였음을 여기서 공언하네."

햄릿은 레어티즈에게 가족을 둘이나 잃게 해서 미안하다고 사과하고 검술 경기는 시작된다. 햄릿에게 먹이려던 독배는 왕비가 마시고 독이 묻은 칼에 햄릿이 상처를 입게 된다. 계속되는 경기 속에 칼이 바뀌고 레어티즈도 상처를 입는다. 경기장은 순식간에 피로 얼룩지게 된다. 왕비는 피를 토하고 쓰러지고 독이 퍼지기 시작한 레어티즈는 이 모든 것이 왕인 클로디어스의 음모임을 밝힌다. 햄릿은 아버지, 어머니, 오필리어, 플로니어스, 레어티즈 그리고 자신까지 죽게 한 클로디어스를 찌른다. 햄릿은 친구 호레이쇼에게 인간의 더러운 욕망이 얼마나 많은 이들에게 비극이 되는지 그 사실을 후세 사람들에게 알려달라고 말하며 죽는다.

일가가 몰살하는 끔찍하고 비극적인 엔딩은 세대 갈등의 비극을 보여주고 있다. 아버지 세대인 햄릿 아버지, 숙부 클로디

어스, 오필리아 아버지 폴로니어스는 무력하거나 사악한 욕망을 가진 존재로 등장한다. 아들 세대인 햄릿, 레어티즈는 미래가 촉망되는 존재였다. 그런데 아버지 세대의 갈등으로 결국 모두 몰락하고 만다. 그 후 덴마크를 통치하는 사람은 적국 노르웨이의 포틴브라스 왕자가 된다. 세대 간의 갈등과 욕망의 비극적 결말은 타국의 손에 넘어가는 것으로 끝난다.

『햄릿』에는 주옥같은 대사 하나하나는 우리의 심장을 자극한다. 아버지의 장례식을 치르고 얼마 안 있어 숙부와 결혼한 어머니를 보고

> "절약이야, 절약. 장례식 때 구운 고기, 혼례상에 차갑게 내놓았지."

오필리아 아버지 폴로니어스가 아들 레어티즈에게

> "네 생각을 발설하지 말아라.
> 절도 없는 생각을 행동에 옮기지 말고
> 친절하되 절대로 천박해지면 안 된다.
> 있는 친구들은 겪어보고 받아들였으면,
> 그들을 네 영혼에 쇠고리로 잡아매라.
> (……)
> 싸움에 낄까 조심해라. 허나 끼게 되면 상대방이 널 알아모시도록 행동해라.

> 귀는 모두에게 입은 소수에게만 열고
> 모든 의견을 수용하되 판단은 보류해라.
> (……)
> 돈은 꾸지도 말고 빌려주지도 말아라.
> 왜냐하면 빚 때문에 자주 돈과 친구를 함께 잃고,
> 또한 돈을 빌리면 절약심이 무디어진단다.
> 무엇보다도 네 자신에게 진실되거라.
> 그러면 밤이 낮을 따르듯 남에게 거짓될 수 없는 법"

또 숙부가 촌수로는 동족보다 가깝지만 다른 인간성을 가졌다는 의미로

> "동족보단 좀 가깝고 동류라긴 좀 멀구나."

『햄릿』은 사악한 욕망으로 일어난 복수의 비극이다. 기억은 현재를 살아가는 힘이 되고 미래를 꿈꾸게 한다. 하지만 잊을 수 없는 기억은 과거를 소환하고 현재를 장악하고 미래를 소멸시킨다. 과거의 기억을 복수하고자 하는 사람은 언제나 과거가 현재가 되어 당면한 진짜 현재를 살 수 없고 미래를 꿈꿀 수 없다. 기억과 복수는 인간을 분노와 원한으로 가득 채우고, 이성적인 판단과 행동을 방해한다. 복수는 그저 복수를 불러 결국 더 큰 갈등과 피해를 초래한다. 프란시스 베이컨이 〈복수에 대하여〉에서 기억과 복수에 대해서 다음과 같이 말하고 있다.

지나간 것은 사라진 것이며 돌이킬 수 없다.
현명한 사람이라면
현재와 앞으로 올 것만 생각해도 할 일이 많다.
그러니까 과거지사를 가지고 애쓰는 자는
자신을 가지고 장난질하는 것일 뿐이다.
(……)
확실한 것은 복수를 궁리하는 자는
자신의 상처를 날 것으로 남겨놓는다는 점이다.
그렇게 하지 않으면 치료되고 나을 텐데도 말이다.

■ 생각 쓰기 ■

1. 햄릿이 우유부단한 인물이라고 생각하는가, 아니면 신중한 인물이라고 생각하는가?

2. 내가 햄릿이라면 아버지의 복수를 어떤 방식으로 감행했을까?

3. 기억으로 힘든 일이 있는가? 있었는가? 극복하려면 어떻게 해야 할까? 어떻게 극복하였는가?

CHAPTER 7

끝나지 않은 우리들의 자화상 :

『난장이가 쏘아올린 작은 공』 - 조세희

인문학으로 읽는 세상

Chapter 7 끝나지 않은 우리들의 자화상 : 『난장이가 쏘아올린 작은 공』 - 조세희

『난장이가 쏘아올린 작은 공』은 1978년 출간되었다. 1970년대 서울의 도시 빈민층의 삶을 그린 12편의 연작 소설이다. 이 소설은 가난한 난장이 가족들의 이야기를 통해 사회적 불평등과 빈곤의 문제를 다루고 있다. 난장이 가족이 사는 행복동은 재개발이 들어가고 새 아파트 입주할 능력이 안 된다. 두 아들 영수와 영호는 공장에서 쫓겨나서 결국 입주권을 팔게 만다. 영희는 입주권을 산 남자를 따라가 몰래 갖고 나와 집으로 돌아가나 아무것도 남아있지 않았다. 벽돌 공장 굴뚝이 허물어지는 날, 그 안에서 아버지가 발견된다. 이 소설은 사회적인 문제에 대한 비판과 함께, 인간의 존엄성과 희망의 중요성을 강조하고 있다.

조세희(1942~2022)는 『난장이가 쏘아올린 작은 공』으로 유명하다. 이 작품은 1970년대 서울의 도시 빈민층의 삶을 그리고 있다, 사회적 불평등과 빈곤의 문제를 다루며 대한민국 문학의

대표작 중 하나로 꼽힌다. 이 작품을 통해 도시 빈민층의 삶을 현실적으로 그려내어 사회적인 관심을 불러일으켰다. 1965년 〈경향신문〉 신춘문예에 단편소설 『돛대 없는 장선(葬船)』이 당선되어 작가로서의 활동을 시작했다. 그는 소설 외에도 수필, 시, 희곡 등 다양한 장르의 작품을 썼으며, 사회적인 문제와 인간의 삶에 대한 깊은 고찰을 담고 있다. 그의 작품은 한국 사회의 문제를 다루면서도 인간의 존엄성과 희망을 강조한다. 독자들에게 사회적인 인식과 공감을 불러일으키며, 대한민국 문학의 중요한 위치를 차지하고 있다.

"사람이 태어나서
누구나 한번 피 마르게 아파서 소리 지르는 때가 있는데
내가 너무 아파서 지른 간절하고 피맺힌 절규가
'난쏘공'이었다."

『난쏘공』으로 불리기도 하는 이 소설집은 작가 조세희의 가슴속 답답함과 아픔이 쓰지 않으면 폭발할 것 같아 쓰기 시작해서 세상에 나왔다. 『난쏘공』은 1975년 12월부터 1978년에 발표된 연작들을 단행본으로 묶은 책이다. 그래서 연작 소설 전체를 가리키기도 하고 이 중 한 단편인 『난장이가 쏘아 올린 작은 공』을 가리키기도 한다. 이 단편집에는 '뫼비우스의 띠', '칼날', '우주여행', '난장이가 쏘아올린 작은 공', '육교 위에서', '궤도 회전', '기계 도시', '은강 노동 가족의 생계비', '잘못은 신

에게도 있다', '클라인 씨의 병 ', '내 그물로 오는 가시고기', '에필로그' 등 12편의 작품이 담겨있다.

조세희는 작가가 꿈이었지만 좋은 작품을 쓸 자신도 없었다. 그렇지만 세상 이야기를 쓰고 싶다는 바람은 있었으나 군부 정권이 무서웠다고 한다. 그 시대에는 수많은 사람들이 체포되고, 고문을 당하고, 투옥되는 현실이었기 때문이었다. 그 시대에 잡혀간다는 그 자체만으로 공포에 휩싸이는 시대였다. 그래서 작가는 무저항, 즉 현실에 순응하는 삶을 택했었다. 그들이 무슨 짓을 하든지 모른 채 가만히 있으면 자신과 가족들에게는 아무 일도 일어나지 않기 때문이다. 하지만 운명은 그를 시대와 호흡하며 일어서도록 했다.

어느 날 철거촌 취재가 계기가 되었다. 곧 철거될 가정에서 마지막 식사를 하고 있는데 철거반원들이 얇은 벽을 깨고 들어오는 상황을 당한 것이었다. 그렇게 취재를 마치고 돌아오는 길에 작가는 다니던 잡지사 부근의 문방구에 들러 볼펜 한 자루와 작은 공책 한 권을 샀다. 그것이 『난장이가 쏘아올린 작은 공』의 시작이었다.

시대의 목격자로서 암흑의 현실에서 따뜻한 사랑으로 살아가는 사람들의 이야기를 독자들에게 전달해야 한다는 의무감을 느꼈다고 한다. 작가는 틈이 날 때마다 쓰기 시작했다. 그러한 이유로 이 소설집은 대부분 접속사가 없는 단문 형태로 되어 있다. 약자들의 살과 가진 자들의 삶을 적나라하게 표현한 이 소설집은 한때 금서가 되기도 했다. 하지만 이 소설은 70~ 80년대 대학생들에게는 숨어서라도 꼭 읽고 싶은 필독서였다. 지금은 2009학년도, 2014학년도 대학수학능력시험에 출제될 만큼 한국을 대표하는 현대 소설로 자리 잡았다.

> "내가 '난장이'를 쓸 당시엔 30년 뒤에도 읽힐 거라곤 상상 못했지.
> 앞으로 또 얼마나 오래 읽힐지. 나로선 알 수 없어.
> 다만 확실한 건 세상이 지금 상태로 가면 깜깜하다는 거,
> 그래서 미래의 아이들이 여전히 이 책을 읽으며 눈물지을지도 모른다는 거,
> 내 걱정은 그거야."
>
> "아직까지도 청년들이 이 소설에 공감한다는 사실이 괴로워.
> 요즘의 청년들이 이런 이야기에 공감하지 못하고
> 그냥 옛날이야기라고 생각하길 바랬어."
>
> – 발간 30주년(2008)기념 한겨레 신문과의인터뷰 중

1970년대 후반은 급속한 산업 발전과 달동네 재개발 열풍이 불었던 시대였다. 하지만 이러한 급격한 개발은 서민들에게 씻을 수 없는 상처를 남기기도 하였다. 1970년대 당시의 군부정권 노동 탄압과 착취라는 숨 막히는 현실과 재개발이 서민들에게 남긴 상흔을 담담하게 풀어나간다. 광주대단지 항쟁을 소재로 했고, 상대원공단이 배경으로 하고 있다. 광주대단지 항쟁은 1971년 서울시 무허가 판자촌 철거계획에 따라 경기 광주군 중부면(현 성남시 수정 · 중원구. 1973년 성남시로 분리) 일대에 조성한 광주대단지에 강제로 이주당한 철거민 10만여 명 중 수

만 명이 생존권 대책을 요구하며 벌인 집단 저항이다. 조세희의 소설 『난장이가 쏘아올린 작은 공』은 1978년 6월 초판 발행 이래 1996년 100쇄 돌파, 18년간 40만 부 이상이 팔렸으며 2017년 한국출판 사상 최초 300쇄를 돌파한 작품이다. 작가는 이 소설집이 30년이나 거의 지난 지금까지 팔릴 줄 몰랐다고 한다. 1970년대 당시에 작가가 느꼈던 문제의식과 우리 사회 현실이 아직도 개선되지 않았다는 것이다. 다시 말해서 이 책이 지금까지 독자들에게 읽힌다는 것은 40년 전의 불행들이 현재 진행형이라는 뜻일 것이다. 그래서 작가는 자신의 책 『난장이가 쏘아올린 작은 공』이 더이상 읽히지 않기를 바란다고 한다. 더 이상 읽지 않는다는 것은 우리 사회가 긍정적으로 변했다는 것을 의미하기 때문이다.

조세희 작가는 1983년 소설집 『시간여행』, 1985년 사진 산문집 『침묵의 뿌리』 이후 침묵하였다. 1980년대 이후 한국 사회는 5 · 18 광주민주화운동, 6월 민주 항쟁 등등 용광로의 시기였다. 글만으로는 부족하다고 느낀 조세희 작가는 현장을 누비며 사진을 찍으며 기록하였다. 『침묵의 뿌리』에는 1980년대 초반에 일어난 '사북 항쟁'에 관련된 사진과 산문이 수록되어 있다. 탄광과 광부라는 말은 오늘날 낯선 단어지만 그 시대를 살았던 광부들은 열악한 환경과 과도한 노동으로 인해 투쟁하게 된다. 이 산문집은 그런 일련의 과정을 기록한 책이다. 이 산문집에는 사북 어린이들의 눈물겨운 글도 함께 수록되어 있다. 그 후 90년대에 장편 소설 『하얀 저고리』를 잡지에 연재하고도 책으로는 출간하지 않았다. 조세희는 오늘날 사회적인 작가로

자리매김하고 있다.

1961년 5·16군사정변 이후 한국은 "선경제, 후통일"이라는 기치 아래 경제 발전에 박차를 가하게 된다. 경제개발 5개년과 함께 한국 경제는 급속히 성장하기 시작한다. 1970년 후반부터 산업화가 불러온 자본계급과 노동계의 갈등, 환경문제, 소외문제 등을 다룬 소설들이 나타나기 시작했다.

『난장이가 쏘아올린 작은 공』은 난쟁이인 김불이라는 인물을 주축으로 해서 이야기가 이어진다. 여기서 잠깐! 실제 '난쟁이'가 맞는 맞춤법이지만 이 소설이 집필되던 당시에는 '난장이'도 바른 맞춤법이었다. 그래서 현재도 '난장이'로 출판되고 있다. '난장이'를 고유명사로 해야 하지 않을까?

첫 번째 이야기는 〈뫼비우스 띠〉이다. 〈뫼비우스 띠〉에 나오는 이야기가 난쏘공 전체를 관통하는 하나의 주제가 아닐까?

> 두 아이가 굴뚝 청소를 했다.
> 한 아이는 얼굴이 새까맣게 되어 내려왔고,
> 또 한 아이는 그을음을 전혀 묻히지 않은 얼굴로 내려왔다.
> 제군은 어느 쪽의 아이가 얼굴을 씻을 것이라고 생각하는가?

선생님이 학생들에게 이런 질문을 한 이유가 무엇일까 하고 생각하게 된다. 희다/검다는 의미를 우리는 통상적으로 '희다'는 좋다, '검다'는 나쁘다는 의미로 사용한다. 또한, '희다'는 강자, 힘이 있는 사람. '검다'는 약자, 힘이 없는 사람으로 많이 생각한다. 여기서 희다/검다는 가치적인 대립이 전제되어 있다. 작가는 첫 번째 이야기에서 비틀어지면 안과 밖의 구분이 사라지는 뫼비우스 띠를 제시하며 구분하지 말고 살자고 한다.

우리 사회는 양극화 사회라고 할 수 있다. 아마 그 시작점이 1970년대가 되지 않을까 싶다. 그래서 이 소설집에는 12편의 이야기가 있으나 이 소설집의 핵심인 네 번째 이야기 〈난장이가 쏘아올린 작은 공〉을 중심으로 이야기해보고자 한다. 중요한 등장인물은 노비 후손인 김불이 가족이다. 가장인 김불이는 키 117cm, 몸무게 32kg에 불과한 난장이다. 아내, 집안 형편 때문에 학업을 중단하고 공장에 다니는 큰아들 김영수, 형처럼 공장에 다니는 김영호, 17살 막내 김영희로 구성되어 있다. 그리고 노동운동을 전개하며 이상세계를 꿈꾸는 인물로 아버지(김불이)에게 책을 빌려주는 한지섭이다.

〈난장이가 쏘아올린 작은 공〉에서 '난장이'는 신분적 열세를 의미하며 '공'은 비상의 꿈을 상징한다. 그러므로 이 소설은 구조적 불평등에 시달리고 있는 사회적 약자들이 품은 낭만적 열망을 표출하고 있다. 그러나 난장이가 쏘아올린 작은 공은 쇠공이기에 지구로 다시 떨어진다. 곧 난장이 김불이 씨의 비극적 결말을 암시하고 있다.

> 사람들은 아버지를 난장이라고 불렀다.

첫 문장을 보자마자 서정주 시인의 〈자화상〉이라는 시에 나오는

> 애비는 종이었다.

떠오른다. 서정주의 〈자화상〉에 나오는 “애비는 종이었다”. 〈난쏘공〉에 “아버지를 난장이라고 불렀다.” 이렇게 선언하는 의미는 무엇일까? 두 사람은 한 집안의 기둥인 가장이다. 가부장 사회에서 가장은 침범할 수 없는 위치에 있다. 그러나 〈자화상〉이나 〈난쏘공〉에서는 가장이지만 너무나 힘없는 존재로 등장한다. 가장이지만 가장 역할을 할 수 없는 암울한 시대를 역설적으로 그리고 있다.

> 천국에 사는 사람들은 지옥을 생각할 필요가 없다.
> 그러나 우리 다섯 식구는 지옥에 살면서 천국을 생각했다.
> 단 하루도 천국을 생각하지 않은 날이 없다.
> 하루하루의 생활이 지겨웠기 때문이다.
> 우리의 생활은 전쟁과 같았다.
> 우리는 그 전쟁에서 날마다 지기만 했다.

난장이 김불이 씨 가족들의 보금자리는 낙원구 행복동이다. 그들이 실제 살아가고 있는 곳은 ‘낙원’, ‘행복’과는 완전히 대칭적인 곳이었다. 반어적 표현으로 지옥과 불행의 삶이라는 것을 냉소적으로 드러내고 있다. 그곳은 아이러니하게도 현실은 철거를 앞둔 달동네였다.

어느 날 낙원구 행복동에는 20일 안에 자진 철거하라는 철거

계고장이 날아든다. 이른바 달동네가 재개발이 들어갔기 때문이다. 주민들은 새 아파트 입주권인 무허가 건물 번호가 새겨진 알루미늄 표찰을 받는다. 새 아파트에 들어갈 경제적 여력이 안 되는 행복동 주민들은 입주권을 팔기 시작한다.

> 일 양은 많아지고, 작업 시간은 늘었다.
> 돈을 받는 날 우리 노동자들은 더욱 말조심을 했다.
> 옆에 있는 동료도 믿기 어려웠다.
> 부당한 처사에 대해 말한 자는 아무도 모르게 쫓겨났다.
> 공장 규모는 반대로 커 갔다.

탁한 공기와 소음 속에서 밤중까지 일하고, 점심시간 30분 동안 10분 식사, 남은 20분은 억지 운동을 강요하는 악조건의 근로 환경, 그에 미치지 못하는 적은 월급, 불만을 이야기하면 내쫓거나 폐업을 해버린다. 난방도, 냉방도 되지 않는 공장 안에서 12시간 이상 강도 높은 노동을 해야 했다. 영수와 영호가 다니는 공장에서도 그날 한 일의 양을 기록하고 근로자들의 성향을 조사해서 기록하고 관리하였다, 부당한 처사에 대해 말한 사람은 블랙 리스트에 올라 다른 공장에 취직도 안 된다. 사장은 경쟁에 지면 문을 닫을 수밖에 없다고 협박한다. 노동자들이 가장 무서워하는 일이 일할 곳이 없어지는 것이기 때문이다. 노동자들이 원하는 것은 휴식과 간이 알맞은 무말랭이가 공장 식탁에 오르는 것이었다.

폭력이란 무엇인가?

총탄이나 경찰 곤봉이나 주먹만이 폭력이 아니다.

우리의 도시 한 귀퉁이에서 젖먹이 아이들이 굶주리는 것을 내버려두는 것도 폭력이다.

반대 의견을 가진 사람이 없는 나라는 재난의 나라이다.

이 말은 영수의 공책에 있는 글이다. 고된 노동과 근로자 자신들의 요구나 이의 사항을 이야기할 수 없는 환경에서 목소리를 낼 수 없었던 근로자들은 살기 위해 일어서게 된다. 대표적으로 우리가 알고 있는 '전태일 분신 사건"이다. 이들은 노동조합을 만들어 노동자의 목소리를 대변하고 그들의 주장을 관철시키기 위해 일어섰지만 영수와 영호처럼 쫓겨나고 만다.

나는 어머니의 어머니, 어머니의 할머니, 할머니의 어머니, 그 어머니의 할머니들이

최하층의 천인으로서 무슨 일을 해왔는지 알고 있었다.

어머니라고 달라진 것은 없었다.

마음 편할 날 없고, 몸으로 치러야 하는 노역은 같았다.

우리의 조상은 세습하여 신역을 바쳤다.

우리의 조상은 상속 · 매매 · 기증 · 공출의 대상이었다.

(……)

아버지도 씨종의 자식이었다.

김불이(金不伊) 가족은 현대판 노비였다. 아버지 이름만 봐도 알 수 있다. 언년이, 막동이, 점박이와 같이 대충 부른 노비 이름에 붙어 있는 접미사 '-이'를, 한자로 옮길 때는 '伊'로 썼던 것. 하여 별 뜻 없는 伊자가 노비를 상징한다고 보았기에 '不伊'는 아들이 노비가 되지 말라는 염원을 담은 이름이 된다. 하지만 조상들처럼 열심히 일을 하나 가난하고 궁핍한 삶을 살며 가진 자들의 권력에 무방비 상태였다.

나는 어머니의 밥상을 내려다보았다. 보리밥에 가만 된장, 그리고 시든 고추 두어 개와 졸인 감자.

"엄마는 왜 우리들 옷에 주머니를 안 달아주지?
돈도 넣어주지 못하고 먹을 것도 넣어줄 게 없어서 그렇지?"

영희의 몸에서는 풀냄새가 났다.
개천 건너 주택가 골목에서는 고기 굽는 냄새가 났다.

우리를 해치는 사람은 없었다. 우리는 보이지 않는 보호를 받고 있었다.
남아프리카의 어느 원주민들이 일정한 구역 안에서 보호를 받듯이
우리도 이질 집단으로서 보호를 받았다.
나는 우리가 이 구역 안에서 한 걸음도 밖으로 나갈 수 없다는 것을 깨달았다.

회사 사람들은 우리가 생각하는 것을 싫어했다.

나는(영희) 모태에서뿐만 아니라 출생 후에도 충분한 영양을 보급 받지 못했다.

문장을 통해 '난장이 가족'의 궁핍함을 알 수 있다. 가난을 벗어나는 방법은 학교를 다니는 것이었다. 공부 외에는 가난에 벗어날 수 없기 때문이다. "세상은 공부를 한 자와 못 한 자로 너무나 엄격하게 나누어져 있기 때문이다." 하지만 빈곤은 영수, 영호, 영희를 더 이상 학교를 다닐 수 없게 한다. 빈곤의 굴레를 끊고 도약하기 위해서 필요한 교육의 기회를 박탈당하고 만다. 그리고 공장으로 간다. 사회에 나간 그들은 인간이 아닌 공장의 기계보다 못한 취급을 받으며 열악한 환경 속에서 노동을 이어간다. 가족 모두 일을 하고 있음에도 이들은 여전히 가난했다.

"아저씨는 평생 동안 아무 일도 안 하셨습니까?"

"일을 안 하다니? 일을 했지. 열심히 일했어. 우리 식구 모두가 열심히 일했네."

"그럼 무슨 나쁜 짓을 하신 적은 없으십니까? 법을 어긴 적 없으세요?"

"없어."

"그렇다면 기도를 드리지 않으셨습니다. 간절한 마음으로 기도를 드리지 않으셨어요."

"기도도 올렸지."

"그런데, 이게 뭡니까? 뭐가 잘못된 게 분명하죠? 불공평하지 않으세요?"

"떠나다니? 어디로?"

"달나라로!"

지섭과 아버지의 대화이다. 결국, 아버지는 굴뚝 속에서 사망한 채로 발견된다. 아버지가 꿈꾸는 거창한 세상이 아니었다. 모두에게 일이 있고 그 대가로 살고, 아이들을 공부시키고, 서로 사랑하는 세계였다. 그러나 현실 세계에서는 불가능했다. 그는 도시의 재개발과 강제 이주로 인해 삶의 터전을 잃게 된다. 그는 집을 지키기 위해 노력하지만, 권력과 돈의 힘을 이길 수 없는 현실에 직면하게 된다. 이러한 상황에서 아버지는 절망감과 무기력함을 느낀다. 사회에서 소외되고 억압받는 존재로서, 그의 죽음은 사회적인 문제와 불공평함에 대한 상징적인 의미를 지니고 있다. 사회적인 불공평함과 불평등에 대한 비판과 저항의 의미를 담고 있다.

아버지는 지섭에게 받은 『일만 년 후의 세계』 책을 읽으며 현실의 고달픈 삶에서 벗어나기를 꿈꾼다. 달나라는 도달할 수 없는 세계다. 아버지가 꿈꾸는 유토피아는 이 땅에서는 이루어질 수 없다는 절망감이 달나라를 꿈꾸게 한다. 현실적 투쟁이 아닌 낭만적 꿈꾸기로 향했다. 하지만 큰아들 영수는 노동운동을 하다가 살인을 저질러 사형을 받는다. 아버지와 달리 영수는 현실에 저항하고 모순을 극복하려고 했다.

조세희 작가는 2022년 12월 25일 우리 곁을 떠났다. 그의 바람처럼 청년들이 이 이야기에 공감하지 못하고 그냥 옛날이야기로 읽는 날이 오기를.

> 절망은 희망이 사라진 상태에 온다.
> 죽을 만큼 최선을 다했지만 실패했거나
> 앞으로 나아갈 길이 보이지 않을 때
> 우리는 절망감에 빠진다.
> 하지만 희망은
> 문득 어느 순간에 찾아오기도 하지만
> 절망의 순간을 견디어 냈을 때만 찾아온다.
> 롤러코스터 같은 삶 속에서도
> 어디선가 불현듯 찾아오는,
> 나타나는 희망이 있어
> 우리는 삶을 살아내는 힘을 갖지 않을까?
> 그게 우리가 삶을 살아내는 힘이 아닐까?

■ 생각 쓰기 ■

1. 난장이가 쏘아올린 작은 '공'의 상징적 의미는 무엇일까?

2. 현실에서 난장이는 어떤 사람일까?

3. 난장이가 행복하게 살기 위해서는 어떤 세상을 만들어야 할까?

CHAPTER 8

사랑 그 아픔 :

『젊은 베르테르의 슬픔』 - 괴테

인문학으로 읽는 세상

Chapter 8

사랑 그 아픔 : 『젊은 베르테르의 슬픔』 - 괴테

『젊은 베르테르의 슬픔』은 괴테가 1774년에 발표한 소설이다. 이 작품은 젊은 청년 베르테르의 감정과 내면적인 고민을 다루고 있으며, 그의 사랑과 슬픔, 그리고 사회적 제약과의 충돌을 중심으로 이야기가 전개되고 있다. 베르테르는 자유로운 영혼과 열정적인 성격을 가진 청년으로, 사랑과 삶에 대한 깊은 고민을 안고 있다. 그는 친구인 빌헬름에게 편지로 자신의 이야기를 전하며, 그 안에서 자신의 감정과 생각을 솔직하게 표현하고 있다. 아름다운 여인 로테를 만나 사랑에 빠지게 되지만, 그녀는 이미 다른 사람과 약혼한 상태이다. 그는 사랑으로 인해 깊은 슬픔과 고통을 겪게 되며, 사회적 제약과 도덕적인 규범에 대한 충돌을 경험하게 된다. 이 소설은 베르테르의 내면적인 성장과 자아 탐색을 다룬다. 그의 감정과 고뇌를 통해 독자들에게 사랑과 삶의 의미에 대한 깊은 생각을 불러일으키고 있다. 또한, 이 작품은 낭만주의 문학의 대표적인 예로 꼽히며, 그 시대의 문학과 문화에 큰 영향을 미쳤다.

요한 볼프강 폰 괴테(1749~1832)는 18세기 말부터 19세기 초에 이르는 독일 문학의 대표적인 작가이다. 그는 문학, 철학, 과학 등 다양한 분야에서 활동하였다. 괴테는 『젊은 베르테르의 슬픔』으로 전 유럽에 알려지게 된다. 23세 때부터 쓰기 시작하여 죽기 1년 전이 83세에 『파우스트』를 완성하였다. 그의 작품은 인간의 내면과 감정, 사랑과 삶의 의미 등을 다루고 있다. 또한, 과학 분야에서도 활동하였으며, 식물학, 해부학, 광물학 등 다양한 분야에서 연구하였다. 그의 과학적 업적은 그의 문학적 업적 독일 문학과 문화에 큰 영향을 미쳤다.

그들은 고상함과 우아함이라는 얼굴로 그를 대했다.
죽음으로 내모는 배려(?)였다는 것을 그들은 정말 몰랐을까?
고통에 숨죽여 울부짖는 그 슬픔을 몰랐을까?'

『젊은 베르테르의 슬픔』을 완독 후 위의 생각들이 화두가 되는 독자들이 많았을 것이다.

이 작품을 쓴 괴테는 독일 문학의 자존심이었다. 18세기 전까지 문화적으로 선진국이라 할 수 없었던 독일은 괴테의 등장으로 달라졌기 때문이다. 그의 작품들이 전 세계 독자들을 매료시키면서 독일 문학에 대한 세계인들의 인식이 달라졌다. 유럽에서 지방어 대접을 받던 독일어는 괴테로 인해 위상이 급상승했다. 독일 문학을 괴테 전과 괴테 후로 나누어 말할 정도이다.

독일 문학에서 독보적인 매김을 하는 대문호 괴테. 그 뒤에는 어머니의 특별한 자녀 교육법이 자리매김하고 있다. 괴테의 어머니는 어린 괴테에게 책을 읽어주되 결말은 읽어주지 않았다고 한다. 어린 아들이었지만 스스로 이야기의 결말을 상상하도록 유도했다. 책을 읽어는 주되 결말은 괴테 스스로가 선택 취사하게 하였다. 어머니의 독특한 책 읽어주기 교육법은 괴테가 창의적 사고와 풍부한 상상을 할 수 있는 자양분이 되었다.

괴테는 어렸을 때부터 어린아이가 쓸 수 없는 고급 어휘를 사용한 시를 지어서 할아버지에게 보낼 정도로 문학적 재능이 뛰어났다. 당연히 대학에서 문학을 전공했을 거라는 예상을 뒤엎고 그는 법학을 전공해서 변호사가 되는 반전을 보인다. 그는 또한 정치가, 관료, 미술사 연구, 자연과학 연구 등 또 다른 다재다능한 재능을 가지고 있다.

1774년 23살에 첫 소설인 『젊은 베르테르의 슬픔』을 발표하게 된다. 작품은 출간되자마자 센세이션(sensation)을 일으키며 전 유럽의 베스트셀러가 된다. 유럽 전역의 정치가, 왕족들은 모두 괴테를 만나고 싶은 마음을 가질 정도였다. 그중 나폴레옹이 애독자로 유명하다.

이 작품은 특히 젊은 세대들에게 선풍적인 사랑을 받게 된다. 괴테는 자신이 사랑했던 여인들을 작품에 등장시키곤 했다. 괴테는 친구의 약혼녀 '샤를로테 부프'를 사랑했던 실제 경험과 이루어질 수 없는 사랑 때문에 자살한 친구 빌헬름 예루셀렘의 이야기를 바탕으로 이 작품을 완성했다. '베르테르 신드롬'을 일으키면서 독자들을 감동의 소용돌이 속으로 몰아넣었다. 작가가 의도하지 않은 일이지만 실연당한 남자들의 자살이 빈번하게 발생하기도 했다. 또 베르테르처럼 파란 상의에 노란 조끼를 입는 패션이 유행하였고 여자들은 '로테'처럼 사랑받기를 원했다고 한다. 다시 말해서 절절했던 청춘의 불같은 사랑의 슬픔이 젊은 세대들에게 공감을 불러일으켰다. 우리나라 기업 '롯데'도 '샤를 로테'에서 따왔다.

『젊은 베르테르의 슬픔』은 200년이 지난 오늘날까지 고전의 필독서로 꾸준한 사랑을 받고 있다. 그럼에도 불구하고 주인공에 대한 평가는 호불호로 나누어지는 경향을 보인다. 어떤 독자는 사랑에 빠져 상대에게 집착한 나머지 인생을 스스로 버린 나약한 인물로 어떤 독자는 세밀하게 표현된 베르테르의 절박한 감정을 공감하여 젊은 날의 벗어날 수 없는 아픈 초상으로 추모한다. 그러나 위대한 문학 작품 이면에 청년 자살 문제를 생각해 중요한 자료가 된다. 서간체 소설이라 읽기에 수월하지는 않지만 한 청년이 자살에 이르기까지 심리 변화가 적나라하게 나타나 있기 때문이다.

제목에서 알 수 있듯이 베르테르의 감당할 수 없는 내면의 고통과 슬픔을 다룬 작품이다. 괴테는 베르테르를 풍족한 가정에서 태어나 아버지의 유산을 상속받은 부족한 것 없는 젊은 청년으로 설정하고 있다. 당대의 시각에서나 현대의 시각에서 볼 때 자살이라는 극단적 선택을 감행할 정도로 절박한 문제를 가진 인물이 아니다. 하지만 이러한 시각은 제삼자가 바라보는 객관적 관점이다. 베르테르의 삶의 의미는 먹고 사는 것에 있지 않았다. 그에게는 자신의 존재에 대한 외로움을 가진 인물이었다. 그것은 '로테'라는 여성을 만나면서 수면 위로 드러난다.

그렇게 경쾌하게 춤을 춰 본 것은 난생 처음이었네.
나는 더 이상 이 세상 사람이 아닌 듯했어.
그렇게도 사랑스런 여인을 안고서 번개처럼 이리저리 날아다니다 보니,
주변의 모든 것이 눈앞에서 사라져 버리더군.
빌헬름, 솔직히 말하면 내가 사랑하는 사람은 나 아닌 다른 어떤 남자와도
왈츠를 추지 못하게 하겠다고 굳게 다짐했네.
이런 내 마음을 이해하겠지!

로테는 알베르트라는 약혼자가 있는 여성이다. 베르테르는 그러한 사실을 뼛속까지 인지하면서도 파멸하더라도 그녀를 향한 사랑을 멈출 수가 없었다. 로테의 집을 매일 방문하고 그녀의 얼굴을 보는 자체만으로도 행복해하고, 그녀의 말 한마디에도 벅찬 떨림을 느낀다.

그 시간 이후에도
해와 달과 별들은 고요히 자신이 할 일을 하고 있지만
나는 도무지 낮인지 밤인지도 모르고 지낸다네.
나를 둘러싸고 있던 온 세계가 사라져 버린 듯해.

베르테르는 시간이 흐를수록 로테에 대하 감정은 더 깊어졌고 그녀를 만나는 것만으로 행복을 느꼈다. 그러나 시간이 흘러 가을이 되자 긴 여행에서 로테의 약혼자 알베르트가 돌아오자 베르테르는 깊은 심연에 빠진다. 요즘 말로 골키퍼가 등장한 거다.

> 로테와 만날 수 있는 것만으로도 행복하다.
> 로테가 이 세상에 있는 것만으로도 행복하다.

베르테르는 자신의 마음을 애써 달래가며 자신을 설득하고 설득한다. 하지만 로테와 알베르트의 다정한 모습에 견딜 수 없어 그곳을 떠나버리고 만다. 그리고 로테가 있는 곳에서 멀리 떨어진 마을의 공사관에 취직을 한다. 로테를 향한 사랑을 멈추려고 일에 몰두하나 관계를 맺는 것에 능숙하지 못하게 된 그는 결국 몇 개월 후 그 일을 그만두게 된다. 그곳에서도 로테에 대한 사랑은 현재 진행형인 상태에서 괴로워하는 가운데 두 사람의 결혼 소식을 듣게 된다. 거부할 수 없는 운명적인 사랑과 결혼식을 알려주지 않은 섭섭한 마음을 갖고 있으면서도 다시 로테가 있는 곳으로 돌아오게 된다. 로테와 알베르트는 처음에는 베르테를 환영하나 정도를 벗어난 그의 행동으로 거리를 두려고 한다. 이에도 아랑곳하지 않고 베르테르의 로테를 향한 사랑의 갈망은 멈춰지지 않고 주변을 맴돌게 된다. 크리스마스를 앞둔 어느 날 격정을 이기지 못한 베르테르는 로테에게 키스를 하고 만다.

"이것이 마지막이에요!. 베르테르, 다시는 당신을 만나지 않겠어요."

로테가 던진 한마디는 베르테르의 삶에 사형 선고가 되어버린다. 그는 삶의 의미를 상실하고 만다. 결국, 알베르트에게 빌린 권총으로 자살을 선택한다. 어떤 이는 남편이 있는 유부녀에게 사랑을 구애하다가 거절 당하자 자살로 생을 마감하는 심약한 청년이라고 말한다. 하지만 베르테르가 고뇌하는 모습이 시사하는 바는 그렇지 않다고 생각한다. 자신의 모든 것을 주고 바칠 만큼 사랑했던 여인에게 내침을 당하고 사회생활조차 적응하지 못한 실패자 모습은 겉도는 '주변인' 모습을 투영하고 있다, 물론 냉정하게 보면 그의 자살은 자신의 사랑에 대한 낙담으로 볼 수 있기도 하지만 그것만으로 설명하기에는 부족하다.

베르테르라는 인물은 한 개인이 사회생활에 적응하지 못하여 고립되는 상황에서 가장 사랑하는 사람에게 내침을 당할 때 정신적 · 정서적으로 어떤 타격을 받는지를 상징적으로 보여 주고 있다. 아마 작가는 베르테르라는 인물을 통해 사회와의 단절과 가장 가까운 사람의 배척이 한 인간에게 어떠한 영향을 미치는지 표현하고 싶었지 않았을까?

또 하나 타인에 대한 감정에 매몰되어 자신의 행복을 거는 도박 아닌 도박이 얼마나 위험한지를 보여 준다. 베르테르는 로테를 향한 사랑이 시작되면서 그녀의 감정과 행동만으로 삶이 좌지우지되기 시작한다. 로테가 미세하게라도 호의적으로 대하면 세상을 다 얻은 것처럼 행복하다가도 반대의 상황이 벌어지면 늪과 같은 감정의 불행을 느낀다.

더 나아가 베르테르는 자신의 존재 가치를 로테에게서 찾는다. 자신의 행복을 로테 행동 하나하나, 말 한마디 한마디에 걸어버렸다.

> 나는 그녀가 나를 사랑한다는 걸 느껴.
> 나를 사랑한다!
> 그녀가 날 사랑하게 된 후부터 나 자신이 얼마나 귀중하게 느껴지는지,
> 나 자신이 얼마나 존경스러운지 모른다네.
> (……)
> 하지만 로테가 약혼자에 대해 이야기하면서
> 더할 수 없이 따뜻한 애정을 보일 때면
> 나는 나 자신이 모든 명예와 품위를 박탈당하고
> 검마저 빼앗긴 사람처럼 여겨진다네.

어느 정도의 삶을 지키고 살아온 사람들만이 깨닫고 깨우치는 것이 있다. 삶은 일정하지 않고 언제나 유동적이며, 가변적인 삶이란 것을. 그리고 다른 사람에게 기대어 의존하고 기대어 행복을 찾는 것이 얼마나 위험하고 위태로운지. 그렇기에 우리는 행복과 존재의 의미를 외부가 아닌 내적인 삶에서 찾아야 이 한 세상 평지풍파 속에서도 온전히 이 삶을 꾸리고 살아

갈 수 있다. 다시 말해서 행복과 존재의 가치를 느끼며 안식하고 싶다면 안주할 수 있는 곳에 올곧이 집중하고 최선을 다하는 것이 가장 안전한 삶을 영위할 수 있다는 정답 아닌 해답을 준다. 한편으로는 그것이 "진정한 삶의 해답일까?"라는 의문도 든다. 베르테르의 고뇌는 활자로 접하는 독자에게 또 하나의 딜레마를 던진다.

『젊은 베르테르의 슬픔』의 읽는 또 하나의 묘미는 베르테르의 가감 없는 감정들의 솔직한 표현들이다. 21세기를 사는 사람의 시각에도 상당히 파격적이고 격렬한 감정을 여과장치 없이 표출해 냈기 때문이다. 괴테가 이 작품에서 베르테르의 감정을 표현한 방식은 군더더기 하나 없는, 때로는 이성이 마비된 과감한 표현을 한다.

> 본질적인 것을 파악해서 과감하게 표현하려고 시도해야 하네.
> 그러면 당연히 적은 것으로라도 많은 것을 말할 수 있네.

비록 로테에게 사랑하는 마음을 직설적으로 표현하지 못했으나 친구인 빌헬름에게 인간의 감정은 본질적이고 이를 과감하게 표현해야 한다고 역설하고 있다. 베르테르는 감정을 억누르고 절제하지 말고 감정에 솔직해야 한다고 말한다. 하지만 우리는 개인적 삶의 영위와 사회적 분위기에 의해 자신의 감정에 솔직하지 못한 삶을 살고 있지 않은가? 생각하게 된다.

일상생활에서도 누군가가 자유롭고 고상하고 예기치 않는 행동을 한다면

'저 사람은 술주정뱅이야, 저 작자는 정신이 나갔어!'라고 비난하기 일쑤니,

정말 참을 수 없는 일입니다.

베르테르는 자신이 느끼는 감정을 인지하고, 인정하는 것이 가장 자유롭고 인간다운 행동이라고 말한다. 한 인간이 삶을 살아가면서 한 번이든, 두 번이든, 아니면 운 좋게 여러 번이든, 격렬하게 끓어오르는 감정을 경험했다면 그것을 표현해야 한다고 말한다. 하지만 이러한 솔직한 감정들을 현실에서 발설한다면 이성적이지 못하다는 비판을 받겠지만 말이다. 아마 그래서 문학이 원초적이고 본능적인 인간의 감정을 여과 없이 대변해주는 역할을 하는 것이 아닐까? 그런 점에서 이 작품의 가치가 더욱더 선명하게 각인되고 인문학 고전으로 오늘날까지 필독서로 유명세를 이어가는지 모르겠다.

여기서 우리는 '베르테르의 효과'에 대해서 짚고 넘어가야 할 난제에 부딪힌다. '베르테르의 효과'라는 용어는 이 작품을 읽은 청춘들이 그의 영향을 받아 사회적 관점에서 말하는 모방자살을 행동으로 옮김으로써 생겨난 용어이다. '사랑'을 상실하면 삶의 의미도 상실하게 된다는 것을 베르테르를 통해서 전파 아닌 전파를 하였다. 왜냐하면 상실은 자신에게만 극단적인 결과를 초래하는 것이 아니라 주변인들에게 영향을 끼치기 때문

이다. 특히 사회적으로 영향을 끼칠 수 있는 인물이라면 그 영향의 범위는 기하급수적으로 늘어나 규제할 수 없을 만큼 불행한 확장을 한다.

> 인간은 한계를 가진 존재입니다.
> 기쁨과 슬픔, 고통을 어느 정도까지는 참으 수 있지만,
> 그 한계를 넘어서면 무너져 버리지요.
> 그렇기 때문에 문제는 어떤 사람이 약한가 강한가가 아니라,
> 정신적인 것이든 육체적인 것이든 그가 그 정도의 고통을 견딜 수 있는가 없는가 하는 것이에요. 나는 자살한 사람을 겁쟁이 취급하는 것을 이해할 수 없습니다.
> 심한 열병에 걸려 죽어가는 사람을 겁쟁이라고 부른다면 정말 무례한 일 아닙니까?

알베트르가 '자살'을 '술에 취한 사람이나 미친 사람', '나약함 때문'이라고 하자 베르테르는 자살을 하는 사람을 비난하면 안 된다고 말한다. 육체의 질병으로 인한 죽음을 맞이할 수밖에 없는 죽음을 비난할 수 없는 것처럼 정신의 질병으로 인한 자살도 비난을 하면 안 된다고 항변한다. 치유할 수 없는 정신의 질병을 치유할 수 없는 육체의 질병과 동등하게 바라보는 베르테르의 가치에 수긍이 가지 않는가? 당대 시각에 바라보았을 때 괴테의 시각은 가톨릭 세계관에 위배 되는 가치관이었다. 그래서 한때는 교황청에서 금서로 지정하기도 했다. 왜냐하면 『젊은 베르테르의 슬픔』을 읽고 사랑 아픔에 신음하던 사람들,

삶의 무게에 짓눌려 있던 사람들이 자살이라는 극단적 선택을 하는 일이 벌어졌기 때문이다. 괴테가 살았던 시대에는 자살로 죽은 사람은 교회에서 장례를 치를 수 없을 정도로 금기되는 행위였다. 그러나 아이러니한 일은 '베르테르 효과'라는 용어까지 등장할 정도의 모방 자살이 일어난 이 작품을 쓴 괴테는 83세까지 장수를 했다는 사실이다. 결혼도 두 번하고, 결혼 생활 중에도 많은 여성과의 연애를 즐기면서 왕성한 작품 활동을 했다.

> 나는 가끔 이해할 수가 없다네.
> 어떻게 다른 사람이 로테를 사랑할 수 있는지.
> 사랑해도 되는 건지.
> 내가 이렇게 진심을 다해,
> 이다지도 충만하게 사랑하고 있는데.
> 나는 로테 외에는 아무 것도 알지 못하고
> 로테 말고는 아무것도 가진 것이 없는데.
> (……)
>
> 나는 많은 것을 가지고 있어. 그러나 로테를 향한 감정이 모든 것을 삼켜 버리지. 나는 이렇게도 많은 것을 가지고 있네. 그러나 로테 없이는 그 모든 것이 아무것도 아닌 것이 되어 버리네.

베르테르의 마음을 가장 잘 표현한 문장이다. 베르테르에게서 로테라는 여성은 존재의 의미였다. 그런 존재의 의미와 함께 못한다는 상실의 현실과 거부까지 당한 그는 결국 자살를 결정한다. 하지만 자정에 자살를 감행하고 다음 날 정오에 이 세상에서 나갈 수 있었던 12시간. 그는 무슨 생각을 했을까? 어쩌면 독자들이 그 12시간에 집중했다면 모방 자살이 일어나지 않을 수도 있지 않았을까?

『젊은 베르테르의 슬픔』은 시간이 흘러 다시 읽어도 불면을 부르는 아픈 소설이다.

■ 생각 쓰기 ■

1. 인간은 자기 자신을 통제할 수 있을까? 감정도 통제할 수 있을까?

2. 베르테르는 왜 자신을 파괴했을까? 그 죽음의 의미는 무엇인가?

3. 베르테르의 효과는 왜 일어났을까?

CHAPTER 9

나를 찾아가는 길 :

『데미안』 - 헤르만 헤세

인문학으로 읽는 세상

Chapter 9

나를 찾아가는 길 : 『데미안』 – 헤르만 헤세

헤르만 헤세의 『데미안』(1919)은 주인공이 자아를 찾아가는 과정을 그린 소설이다. 주인공 소년 싱클레어가 데미안의 도움을 받아 성장하는 성장 소설이다. 금지된 세계에 호기심을 느끼던 열 살 무렵의 에밀 싱클레어는 동네의 불량배인 프란츠 크로머에게 약점을 잡혀 어두운 세계에 발을 들여놓으나 데미안의 도움으로 해결한다. 데미안은 싱클레어가 선악의 이분법을 벗어나 새로운 시각으로 세상을 볼 수 있게 해준다. 고등학교에 진학한 싱클레어는 한동안 방탕한 생활을 하며 방황하지만, 베아트리체라는 소녀를 이상으로 삼아 자신의 내면을 채우기 시작한다. 야전병원에서 재회한 데미안은 스스로 내면에 귀를 기울이라는 말을 남긴 채 사라지고, 싱클레어는 이제 자신의 모습이 데미안을 닮아있음을 깨닫는다. 이 소설은 성장과 자아 발견, 사회적 압박과 개인의 자유, 인간 내면의 갈등 등 다양한 주제를 다루어 독자들에게 깊은 생각과 감동을 준다.

헤르만 헤세(1877~1962)는 독일계 스위스인 소설가, 시인, 화가이다. 그는 1946년 『유리알 유희』로 노벨 문학상을 수상하였다. 그의 작품들은 인간의 내면세계와 자아 발견, 삶의 의미와 가치 등 다양한 주제를 다루고 있다. 대표작으로는『데미안』, 『싯다르타』, 『수레바퀴 밑에서』 등이 있다. 헤르만 헤세의 작품은 깊은 철학적인 내용과 아름다운 문체로 유명하며 독자들에게 인간의 내면세계와 삶의 의미에 대한 깊은 생각을 일깨워주는 것으로 평가받고 있다.

"시인 외에는 아무것도 하지 않겠다."

헤르만 헤세의 아버지는 선교사였다. 헤세도 가문의 전통을 잇도록 하기 위해서 수도원 학교에 입학시킨다. 예술가를 꿈꿨던 헤세는 수도원의 빡빡한 규칙을 견디지 못하고 도망쳐 나온다. 이후 정신병원에 입원하는 등 방황하다가 이때의 경험을 『수레바퀴 아래에서』에 반영하였다. 『수레바퀴 아래에서』는 헤르만 헤세의 질풍노도 시기와 많은 부분이 비슷해서 '자서전'이라고 불린다. 독일에서 태어났지만 제1차 세계대전과 제2차 세계대전을 일으킨 조국 독일을 비판하고 스위스로 망명하여 스위스인으로 살다가 갔다.

다른 학생들은 자신이 교수나 판사, 의사나 예술가가 되려 하는 것을 정확히 알고 있었으며,

그것이 얼마나 오래 걸릴지 그리고 어떤 이점을 가져올지도 알고 있었다.

나는 그것을 알지 못했다.

나도 아마 언젠가는 그런 인물이 되겠지만,

지금 내가 그것을 어찌 알겠는가,

어쩌면 앞으로 찾고 또 찾아야 할지도 모르는 일이었다.

여러 해 동안 찾아도 결국 아무것도 되지 못하고 목표에 이르지 못할 수도 있었다.

어쩌면 목표에 이르렀지만,

그것은 사악하고 위험하고 끔찍한 목표일 수도 있었다.

나는 오직 내 마음속에서

절로 우러나오는 삶을 살려 했을 뿐이다.

그것이 왜 그리 어려웠을까?

에밀 싱클레어는 김나지움(고등학교)을 마치고 대학에 진학해야 하는데 무엇을 공부해야 할지 막막해한다. 헤르만 헤세는 "모든 인간의 삶은 저마다 자기 자신에게로 이르는 길이고, 그 길을 가려는 시도이며, 하나의 좁은 길에 대한 암시이다. 일찍이 그 누구도 완벽하게 자기 자신이 되지는 못했다."라고 했다. 인간이 자기 내면의 자신을 찾아가는 것이 중요하다는 말이다. 그래서 자기 자신을 찾아가는 과정에 있는 청소년들이 『데미안』에 집중하는 이유가 된다.

"우리 마음속에는
모든 것을 다 알고
모든 것을 원하고
우리 자신보다 모든 것을 더 잘 해내는 누군가가 살고 있어."

이 말은 데미안이 싱클레어에게 해 준 말이다. 지금 어떤 일로, 상황으로 힘들어도 우리 마음속에는 강하고, 지혜로운 내가 있다는 말이다. 너 안에는 무궁무진한 잠재력이 있으니 자신감을 가지고 힘을 내라고 한다. 넘어지면 주저앉지 말고 자신을 믿을 믿으면 일어설 수 있다.

"나는 당신이 쓴 줄 알고 있다."

헤르만 헤세는 『데미안』을 쓰기 전부터 필명으로 '에밀 싱클레어'를 사용하였다. 그래서 『데미안』을 '에밀 싱클레어'로 발간했다. 제일 먼저 헤르만 헤세가 쓴 작품이란 걸 알아본 사람이 분석 심리학자 칼 융이었다. 헤세는 아버지의 갑작스러운 죽음과 막내 아들의 정신질환, 아내의 신경쇠약 악화로 우울증과 신경쇠약에 시달리게 된다. 결국, 헤세는 칼 융의 제자 랑 박사에게 심리치료를 받는다. 『데미안』은 융의 분석 심리학이 반영된 작품이라고 한다.

> 세계가 우리를 필요로 하고
> 자기 자신을 변화시키려는 순간이 온다는게 얼마나 특이한가
> 이는 감상적으로 받아들일 일이 아니었다.

『데미안』은 출간 당시 대중에게 신드롬(어떤 것을 좋아하는 현상이 전염병같이 전체를 휩쓸게 되는 현상)을 일으켰다. 그런데 이 책을 읽기 전에 제1차 세계대전이라는 시대적 배경을 이해해야 한다. 이 당시에 많은 사람들이 동원이 아닌 자발적으로 전쟁에 참가하던 분위기였다. 즉, 지원병이 많았다. 위의 문장은 '너의 생각을 가지고, 너의 미래를 만들어라.'라는 말이다. 시류나 사회 분위기에 휩쓸리지 말고 주체적으로 미래를 만들라는 의미를 담고 있다. 젊은 세대들이 보기에는 기성세대는 뒤에 앉아서 국가와 민족을 외치면 젊은 세대들을 전선으로 내몰았다고 생각했다. 제2차 세계대전 당시 독일군 전사자 유품 가운데 성경 다음으로 『데미안』이 있었다고 한다.

> 새는 알을 깨고 나오려 힘겹게 싸운다.
> 알은 세계이다. 태어나려고 하는 자는 세계를 깨뜨려야 한다.
> 새는 신에게로 날아간다.
> 그 신의 이름은 아브락사스다.

『데미안』을 관통하는 문장이다. 이 문장이 이 작품의 전체를 말해 준다. 이 문장을 생각하며 작품을 따라가 보자.

이 작품은 에밀 싱클레어의 유년 시절 회상으로부터 시작한다.

> 그 세계에는 미래로 통하는 반듯한 노선들과 길들이 있었다.
> 의무와 책임, 양심의 가책과 참회, 용서와 바른 결심, 사랑과 존경, 성경 말씀과 지혜가 있었다.

10살 소년 에밀 싱클레어는 부유하고 엄숙한 기독교 가정에서 자신을 사랑해주는 부모님과 두 누나와 살고 있었다. 그런데 어느 날부터 집 한가운데서 그전에는 들리지 않았던 소리가 들려오기 시작했다. 그것은 '선'의 세계에서 들을 수 없는 가슴 철렁이는 소리였다. 싱클레어는 내부의 세계에만 있던 시선이 외부세계로 시선이 변화되고 있었다.

> 또 다른 세계가 바로 우리 집 한가운데서 시작되었다.
> 그 세계는 완전히 달랐다.
> 다른 냄새를 풍기고 다른 말을 하고 다른 것을 약속하고 요구했다.
> 그 두 번째 세계에는 하녀들과 젊은 기술공들, 유령 이야기와 남우세스러운 풍문들이 있었다. 그곳에서는 으스스하고 섬뜩한 호기심을 일깨우는 수수께끼 같은 것들,
> 도살장과 감옥, 술주정뱅이와 앙칼진 여자들,
> 새끼를 낳는 암소와 쓰러진 말들, 절도와 살인과 자살에 대한 이야기들이 다채롭게 넘쳐났다.

이제까지 싱클레어의 내부 세계에서는 또 다른 세계는 '악'이었다. 싱클레어는 '선'으로 가득 찬 세계에 살고 있었는데 알고 보니 선과 악이 공존하는 공간이었다는 것을 알게 된다. 즉, 두 세계(빛과 어둠)로 나누어져 이분법적 세계를 알아가게 된다.

> 그곳에는 두 세계가 뒤섞여 있었다. 상반된 두 극단으로부터 낮과 밤이 나왔다.

낮과 밤은 빛과 어둠으로, 선과 악으로 이분법적 세계를 말한다. 우리는 밤, 어둠, 악은 사라져야 한다는 생각을 많이 한다. 그러나 우리가 존재하기 위해서는 둘 이상이 필요하다. 노자는 〈도란 무엇인가?〉에서 다음과 같이 말했다.

> "아름다움과 더러움은 별개의 것이 아니다.
> 아름다운 것은 더러운 것이 있기에 아름답다고 불린다.
> 선악도 마찬가지다.
> 선은 악이 있기에 선이라고 불린다.
> 악이 있기 때문에 선이 있다.
> 사물의 존재도 '무'가 있기에 존재한다."

혼자서는 존재 자체가 성립되지 않는다. 이 세상에 하나로 가득찼다면 아무 것도 없는 것과 마찬가지가 아닐까? 인간은 누구나 양면성을 가지고 있다. 그런데 우리 사회는 한쪽을 강조하고 요구한다. 우리는 나를 알아주고, 인정을 받고, 사회 안에서 나의 의미를 찾기 위해 사회가 요구하는 페르소나(가면)로 살아간다. 그러나 밝고 옳은 세계에서만 살 수 없다. 자신도 모르게 다른 세계로 시선이 가고 그때 우리는 가책과 불안을 느낀다. 밝은 세계를 가려면 어두운 세계를 통과해야 한다. 인생은 삶의 균형을 맞추어나가는 과정이다. 빛과 어둠이 공존하는 인생이 필요하다는 생각이 든다.

> 프란츠 크로머는 다 큰 어른인 양 굴었으며
> 젊은 공장 직공들의 걸음걸이와 말투를 흉내 냈다.
> (……)
> 프란츠가 강물을 향해 침을 뱉었는데 그러는 모습이 꼭 어른 같았다.
> 그는 치아 사이로 침을 내뱉어서 원하는 곳에 명중시켰다.

싱클레어는 귀족, 부잣집 아이들이 다니는 사립 라틴어 학교에 다닌다. 그러던 어느 날부터 공립학교 아이들과 어울리게 된다. 그 모임에는 불량 학생인 프란츠 크로머가 있었다. 그는 아이들보다 3살 많았고 어른 흉내를 내는 아이였다. 아이들은 좋은 집안에 사립학교에 다니는 싱클레어를 좋아하지 않았다. 싱클레어는 모임에서 외면당할 수도 있다는 불안감을 가지고 있었다. 그래서 센 척하기 위해 근사하게 도둑질을 한 이야기를 꾸며 낸다. 과수원에서 제일 품종 좋은 사과를 한 자루 가득 훔쳤다는 거짓말을 한다.

> "그러니까 진짜로 그랬단 말이지?"
> "그래, 진짜로 그랬다니까"
> "그럼, 하느님과 행복을 걸고 맹세한다고 말해."
> "하느님과 행복을 걸고 맹세해."
> "그래, 좋아."

프란츠는 싱클레어의 말이 진짜인지 확인을 한다. 그리고 그것이 시작이었다.

> "과일을 훔쳐 간 놈을 알려 주는 사람에게 과수원 주인이 2마르크를 주겠다고 한 것도 알고 있어."

프란츠는 2마르크를 주면 말하지 않겠다고 한다. 2마르크는 우리 돈으로 약 20만 원으로 10살인 싱클레어에게는 엄청나게 큰돈이었다. 싱클레어는 자기 거짓말인 악을 덮기 위해 더 큰 악을 저지르게 된다. 저금통을 깨고 몰래 돈을 훔친다. 프란츠는 빚진 걸 갚으라고 밤마다 집 근처에서 휘파람으로 불러낸다. 휘파람 소리는 공포의 소리였다. 빈손으로 나간 날에는 한 쪽 발로 10분간 뛰기를 시키기도 하였다. 한 번의 거짓말로 싱클레어는 프란츠 크로머의 노예가 되어버렸다. 살면서 공포와 두려움도 느끼지만 어렸을 때 느꼈던 공포는 몇 배로 증폭된다. 밝은 세계는 부모님의 세계이고 악의 세계에서 두려움을 느끼며 복종해야 했다. 책을 보면 싱클레어가 느꼈던 공포가 아주 섬세하게 표현되어 있다.

> 그 무렵 나는 일종의 정신 착란 상태에 있었다.
> 우리 집의 질서 정연한 평온한 가운데서 나는 고통스럽게 겁에 질려 유령처럼 살았다.
> 가족들의 삶에 관여하지 않았으며 나 자신을 거의 한시도 잊은 적이 없었다.

이렇게 지옥같이 보내던 어느 날, 운명처럼 한 아이가 전학을 온다. 데미안이었다. 둘은 카인과 아벨 수업을 같이 듣는다.

> 우리가 배우는 것들은 대부분 진실이고 올바르지만,
> 전부 선생님들이 보는 것과는 다르게 볼수도 있거든.
> 그러면 대개는 훨씬 더 좋은 의미를 갖게 돼.

성서에 등장하는 최초의 인류 아담과 이브다 그 둘 사이의 큰아들이 카인이다. 카인이 동생인 아벨을 죽인 후 자신의 죄를 깨닫고 살해당할까 두려워하자 하느님이 카인에게 '표식'을 주었다. 성서에서 카인은 인류 최초의 살인자이다. 수업을 들은 후 데미안이 먼저 싱클레어에게 다가온다. 그리고는 카인은 비범하고 대단한 인물이었다. 그래서 하나님은 카인이 대단한 인물이라 처벌할 수 없었을 거라고 이야기한다. 스스로 겁쟁이라고 말하기 창피하니 카인은 나쁜 놈 그러니까 악인이라고 말했다는 것이다. 굉장히 위험하지만 신선한 주장을 한다. 카인의 표식은 죄인의 낙인이 아니라 스스로 삶을 개척해 나갈 수 있는 용기와 개성을 지닌 사람의 표식이라고 한다. 그러니까 우리가 옳다고 생각한 상식을 뒤엎는 말을 한다. 이때 싱클레어가 혼란을 겪는다.

> 그가 말한 모든 게 완전히 황당무계하게 여겨졌다.
>
> 카인이 고매한 인간이고 아벨이 겁쟁이라니! 카인의 표식이 훈장이라니!
>
> (……)
>
> 돌멩이 하나가 우물에 떨어졌고, 그 우물은 내 어린 영혼이었다.
>
> 내가 뭔가를 인식하고 의심하고 비판하려 할 때마다 카인과 형제 살해,
>
> 표식에 얽힌 일은 오랫동안, 아주 오랫동안, 내 생각의 출발점이 되곤 했다.

데미안과의 대화는 싱클레어 의식이 성장하는 계기가 되었다. 진리라고 믿었던 것을, 옳다고 생각한 것을 다르게 해석할 수 있는 비판적 사고를 할 수 있는 길을 열어주었다. 그리고 데미안은 프란츠의 굴레에서 벗어나게 해 준다. 프란츠는 더 이상 휘파람을 불지 않았고, 길에서 마주치면 놀라서 줄행랑을 쳤다. 데미안은 프란츠와 이야기만 했고, 싱클레어를 가만히 두

는 편이 신상이 좋을 거라고 깨우쳐 주었다고 한다. 그가 어떤 영향력을 준 거는 분명하지만 구체적인 방법은 알 수 없었다. 그 후 데미안과 싱클레어 관계는 어떻게 되었을까? 여러분이라면 데미안과 어떻게 지내겠는가? 싱클레어는 그를 멀리한다. 나의 치부를 아는 불편함과 카인과 아벨에서 보였던 비판적 사고가 부담스러웠기 때문이다. 싱클레어가 상급학교로 진학하면서 몸까지 멀어진 사이가 된다.

보통 꿈에 등장하는 대상은 자신의 심리를 상징적으로 표현한다. 그렇다면 데미안과 프란츠 크로머는 싱클레어 내면의 선과 악이 아닐까? 스스로 잘못된 행동을 하는 악의 인물 프란츠로 상징되었고, 데미안이라는 내면의 선의 인물이 위기를 극복한다. 데미안은 싱클레어를 지켜주는 수호신이다. 우리의 내면에는 유혹에 굴복하도록 이끄는 인물과 또 그것을 극복하고 물리칠 수 있는 인물이 공존한다.

도시의 상급학교로 간 싱클레어는 매일 술을 마시는 등 방탕한 생활을 하며 불안하고 흔들리는 나날을 보낸다. 그는 다시 어둠의 세계에 빠져 살게 된다. 그러던 어느 날 첫사랑이 찾아온다. 이름도 모르는 그녀를 '베아트리체'라고 부른다. 싱클레어는 어둠의 세계에서 밝은 세계로 나오게 된다. 방황을 끝내고 그녀의 초상화를 그렸는데 데미안이었다. 그의 내면에서는 데미안을 그리워하고 있었다.

베아트리체는 이탈리아어로 '행복한 자'를 의미한다. 단테의 『신곡』에서 베아트리체는 단테의 사랑의 대상이자 영감의 근원으로 묘사된다. 그녀는 예술과 문학, 사랑과 아름다움에 대한 영감을 주는 인물로 단테의 작품 속에서 중요한 역할을 한다. 그녀는 단테가 평생 사랑했던 실존 인물이다. 베아트리체는 단테의 작품 이외에도 다양한 예술 작품과 문학 작품에서 다루어지며, 천사와 같이 숭고한 정신을 상징한다.

어느 날 싱클레어는 새가 나오는 꿈을 꾸고 공포에 사로잡혀 깨게 된다. 새를 그려 데미안의 옛 주소로 편지를 보낸다. 꿈속의 새는 길을 떠나 데미안을 찾아냈다. 며칠 후, 싱클레어는 누군가 자신의 책에 쪽지를 꽂아두고 간 것을 알게 된다. 그 쪽지에는 이런 구절이 쓰여 있었다.

> 새는 알을 깨고 나오려 힘겹게 싸운다.
> 알은 세계이다. 태어나려고 하는 자는 세계를 깨뜨려야 한다.
> 새는 신에게로 날아간다.
> 그 신의 이름은 아브락사스다.

싱클레어는 '아브라삭스'의 존재를 궁금해한다. 우연한 기회에 또 다른 안내자 피스토리우스를 만나' 아브라삭스'가 무엇인지를 알게 된다. '아브락삭스'는 고대에 등장하는, 선과 악이 공존하는 신이었다. "거기에는 기쁨과 슬픔이 있었고, 남성과 여성이 공존하고 있었으며 가장 신선한 것과 가장 추악한 것이 한 데 얽혀 있었다." 파스토리우스와는 싱클레오가 허물을 벗고 알껍데기를 깨도록 도와 날 수 있게 도와준다. 싱클레오가 날게 만든 도약은 누구나 가지고 있는 인류의 재산이라고 한다. 대부분의 사람들은 두려워 날기를 포기하고 인도 위를 걷는 쪽을 택하는데 싱클레오는 계속 날고 있다고 한다.

줄탁동시(啐啄同時)라는 고사성어가 있다. 병아리가 알에서 깨어나기 위해서는 어미 닭이 밖에서 쪼고 병아리가 안에서 쪼며 서로 도와야 일이 순조롭게 완성됨을 의미한다. 즉, 생명이라는 가치는 내부적 역량과 외부적 환경이 적절히 조화돼 창조되는 것을 말한다. 알 안에 있을 때는 답답하겠지만 먹이도 있고 안전하고 많은 것이 갖추어진 세상이다. 하지만 나와보면 독수리도 있고, 뱀도 있고 온갖 두려움과 맞서 싸워야 하고 먹이도 스스로 구해야 하는 끝도 없는 위험 속에 살아야 한다. 우리는 알 안에서 어미 새의 보살핌 속에서 성장하기 위해 이 세상에 나온 건 아니다. 때론 위험하기도 하겠지만 이런 것을 감수하고 감내해야 진정한 성장, 존재의 의미를 가질 수 있다. 알을 깨고 나와야 한다는 말은 안일한 삶의 틀에서 벗어나 자유의지로 주체적인 삶을 살아가라는 말이다.

대학생이 된 싱클레어는 우연히 데미안을 다시 만난다. 그는 데미안의 어머니인 에바 부인을 보고 사랑에 빠지게 된다. 에바 부인에 대한 사랑은 이성에 대한 사랑보다는 초월한 어떤 절대자에게 향하는 존경과 경외의 마음이었다. 초월적인 사랑이었다.

> 세계 멸망도 지진도 혁명도 아니야.
> 전쟁이 터질 거라고.

> 거기에 사람들은 환희로 응답할 거야.
> 새로운 것이 시작되고,
> 옛것에 매달리는 사람들에게 새로운 것은 끔찍할 거야.

데미안은 거대한 변혁이 일어나고 이것으로 모든 것이 리셋되고 새로운 세상이 올 거라는 말을 한다. 그게 바로 제1차세계대전이다. 위의 문장은 헤르만 헤세의 전쟁에 대한 시각이 드러난다. 전쟁을 개인의 이상이 아닌 국가의 이상, 집단의 이상으로 서로 죽고 죽이는 것으로 잔혹하게 표현하고 있다.

싱클레어는 전쟁에 나가 큰 부상을 입게 된다. 야전병원에서 정신을 잃었던 싱클레어가 깨어나니 옆에 데미안이 누워있었다. 데미안이 옆으로 다가와 싱클레어의 귀에 다 대고 다음과 같이 말한다.

> 꼬마 싱클레어, 내 말 잘 들어!
> 나는 떠나야 해.
> 크로머나 아니면 다른 일로 아마 네가 나를 다시 필요로 하는 날이 언젠가 올지도 몰라.
> 그래서 네가 불러도, 나는 말이나 기차를 타고 허둥지둥 달려오지 않을 거야.
> 그러면 네 안에 귀를 기울여 봐.
> 내가 제 안에 있는 것을 알게 될 거야.
> 무슨 말인지 알겠어?

데미안의 말은 내가 곧 너이고, 너 자신을 믿고 의지하고 살아야 한다는 말이다. 다음날 깨어보니 옆에 누워 있던 데미안은 사라지고 없었다. 이렇게 『데미안』은 막은 내린다. 싱클레어는 유약하고 어린 소년으로 선의 세계에 살면서 악의 세계를 궁금해하던 소년이었다. 악의 세계에 빠지고 데미안의 구원을 받게 된다. 데미안의 만남을 통해 끊임없는 물음과 데미안의 비판적 사고를 통해 엄청난 성장을 하게 된다.

이 작품은 스스로 생각하고, 스스로 자신의 판결자가 되어야 한다고 말한다. 그러면서 다른 사람의 생각이나 판결에 예속되지 않는 삶을 살아야 한다고 말한다. 주체적으로 자아를 찾아 성장하라고 말한다. 그럼에도 불구하고 이 작품이 어려운 이유는 내 속에서 원하는 것을 알아차리고 그것을 추구하며 살아가는 것이 힘들고 어려운 삶이기 때문이다.

『데미안』은 질풍노도와 같은 청춘의 시기를 통과하며 '나는 누구인가?', '나는 어디로 가고 있는가?', '나는 어디로 가야 하는가?'라는 질문 앞에 서 있는 사람에게 유익한 책이다.

> 넌 무엇을 두려워하지?
> 우리는 어느 누구에 대해서도 불안을 가질 필요가 없어.
> 만약 누군가를 두려워한다면,
> 그 사람에게 나를 지배할 힘을 넘겨 줬기 때문이야.

■ 생각 쓰기 ■

1. 선과 악의 기준은 무엇일까?

2. '알은 세계이다. 태어나려고 하는 자는 세계를 깨뜨려야 한다.' 나는 무엇을 깨트리고 나와야 하는가?

3. 싱클레어가 데미안을 동경하고 이상으로 삼은 것처럼 나도 닮고 싶었던 사람이 있는가? 이유는 무엇인가?

CHAPTER 10

분단은 끝나지 않았다 :

『광장』 - 최인훈

인문학으로 읽는 세상

Chapter 10

분단은 끝나지 않았다 :
『광장』 – 최인훈

최인훈의 『광장』은 한국 전쟁과 분단 이후를 배경으로 한 1960년에 발표한 소설이다. 이 소설은 주인공 이명준의 내면 성장과 이념적 갈등을 중심으로 이야기가 전개된다. 이명준은 남한과 북한 사이의 이념적 갈등과 혼란 속에서 자신의 진정한 광장을 찾기 위해 노력한다. 그는 남한에서의 허위와 냉소, 북한에서의 이상적인 광장을 경험하며 자신의 이념과 가치에 대한 고민을 하게 된다. 『광장』은 분단된 한반도의 현실을 비판적으로 바라보고, 인간의 내면세계와 이념적 갈등에 대한 깊은 고찰을 담은 작품으로 평가받고 있다.

최인훈(1936~ 2018년)은 소설가로서 현대 한국 문학의 중요한 인물 중 한 명이다. 그의 대표작인 『광장』으로 유명하다. 이 소설은 한국 전쟁과 분단 이후를 배경으로 한 주인공의 이념적 갈등과 성장을 다루고 있다. 『광장』은 한국 현대 문학의 걸작으로 평가받으며, 독자들에게 영감을 주었다. 또한 『회색인』, 『총독의 소리』, 『화두』 등 다양한 작품을 통해 한국 문학에 큰 영향을 끼쳤다. 그의 작품은 인간의 존재와 사회, 정치, 이념 등 다양한 주제를 다루며, 깊은 사색과 철학적인 내용을 담고 있다.

이런 소재가 아무리 구미에 당기더라도
감히 다루지 못하리라는 걸 생각하면
저 빛나는 4월이 가져온
새 공화국에 사는 작가의 보람을 느낍니다.

— 1960년 11월에 발표했을 때 서문

1960년 11월에 발표하고 1961년에 2월에 출간된 『광장』은 절묘한 타이밍에 탄생한 걸작이다. 작품이 쓰여 진 시기는 4 · 19혁명(1960년 4월 이승만 정권의 독재에 항거해 시민들이 들고 일어나서 대한민국 제1공화국을 끝낸 민주주의 시민 혁명)으로 『광장』의 민감한 문제가 자유롭게 토론할 수 있는 사회 분위기였다. 만약, 출간 시기가 조금만 빨랐다면 검열로 출간이 힘들었을 것이다. 만약, 조금 늦었다면 1961년 5 · 16군사정변으로 인하여 세상에 나올 수 없었기 때문이다. 그래서 남북한 이념 문제에 대해 공개적으로 논의한 최초의 소설로 평가받고 있다.

바다는, 크레파스보다 진한, 푸르고 육중한 비늘을 무겁게 뒤채면서, 숨을 쉰다.

소설의 첫 시작은 이렇게 시작된다. 이 역작은 처음부터 있었던 것은 아니고 연이은 개정으로 인해 탄생하였다. 『광장』 작가가 가장 애착을 가진 작품으로, 여러 차례 이상 수정되었다. 그래서 책에는 7개의 서문이 있다. 작가는 '지적으로 충분히 세련된 문체'를 구사하면서 철학적 관념을 소설의 언어로 표현하고 있다.

> 1) 바다는 크레파스보다 진한 푸르고 육중한 비늘을 무겁게 뒤채면서 숨쉬고 있었다. – 초판[신구판]
> 2) 바다는 숨쉬고 있다. 크레파스보다 진한 푸르고 육중한 비늘을 무겁게 뒤채면서. – [민음사판]
> 3) 바다는, 크레파스보다 진한, 푸르고 육중한 비늘을 무겁게 뒤채면서, 숨을 쉰다. – [전집판]

이 문장은 이명준이 제3국으로 가는 배 위에서 바다를 내려다보는 장면이다. 전집판에는 쉼표가 세 개 등장한다. 초판본에는 쉼표가 없다. 그리고 "숨쉬고 있었다"에서 "숨쉬고 있다"로 그리고 "숨을 쉰다." 현재형 어미로 바꾸어 사건 진행에 속도감을 주고 있다. 쉼표의 사용으로 리듬이 생겨 시처럼 바뀐 것을 알 수 있다. 그 외 개정의 과정을 거치면서 한자어를 없애고 한글로 대체 가능한 것들로 다 바꾸었다. 이를 통해서 작가의 한글 문학 완성을 위한 문장의 실험과 집요한 의지를 알 수 있다. 최인훈은 '퇴고의 달인'이라고 불릴 정도로 퇴고에 심혈을 기울였다. 그는 소년기(1936년 태어남)에는 한글보다는 일본어와 한자에 더 익숙했었다. 남북한 체제와 전쟁, 4 · 19혁명 등을 겪으면서 한글의 중요성과 문화적 정체성에 눈을 뜨게 된다. 그는 문장을 여러 번 수정하면서 어떤 것이 더 현장감이 있고, 극적인가 실험을 계속한 작가였다.

이 작품은 해방 직후부터 한국 전쟁 이후를 배경으로 남 · 북한의 이념 대립과 그 사이에서 고난과 갈등을 겪는 인물 '이명준'에 대한 이야기다.

"배가 있어요."

해방 후 남북이 38선으로 갈라져 이념 또는 사는 곳에 따라 분단은 되었으나 비밀리에 북한이나 남한으로 오가는 것이 가능한 시기였다. 그러나 1948년 남북한 단독정부가 들어서고 6 · 25전쟁이 나기 전까지는 남북왕래가 어려워진 시기였다. 월북한 아버지가 고위직으로 대남방송에 나오자 끌려가 고목과 치욕을 당한 명준은 밀항선을 타고 북으로 넘어간다. 그는 두 눈과 온몸으로 북한 체제를 경험하게 된다.

"풍문이 아니라 현장에서 봐야 한다."

작가는 경험한 것을 글로 써야 한다고 했다. 그것을 실행하는 인물이 이명준이다. 주인공 이명준의 여정을 보면 작가의 자전적 이야기가 아닌가 하는 생각이 든다. 작가 최인훈은 해방 직후 두만강 회령에서 원산으로 이주하면서 약 5년간 북한 체제를 경험했기 때문이다. 또 긴박했던 흥남철수 때 미군 함정에 두 명의 고등학생이 타고 있었다. 한 명은 원산고 1학년 최인훈이었고 다른 한 명은 원산고 3학년 작가 이호철이었다. 남한으로 온 최인훈은 남북한 체제를 모두 경험하게 된다. 자연스레 작가의 경험을 살린 주인공 이명준이 탄생하게 된다.

이 작품의 줄거리는 예상외로 단순하다. 주인공은 6 · 25전쟁 나기 직전 남한에 거주하는 대학생이다. 명준의 아버지는 혼자 월북하고 어머니는 사망하였다. 아버지 친구 집에 얹혀살던 명준이는 윤애라는 여성을 만나 사랑에 빠진 시점에 월북한 아버지가 대남방송에 나온다. 그 이유로 빨갱이로 의심해서 잡혀가 고문을 당한 후 월북하게 된다. 명준은 남한을 개인들로만 이루어진 밀실이고, 북한을 이상적으로 생각하는 사회를 광장에 빗대며 밀실이 아닌 광장을 꿈꿨다. 그러나 북한의 다른 모습에 환멸을 느끼게 된다. 그 와중에 발레리나 은혜를 만나 연인이 된다. 하지만 전쟁이 발발하고 명준은 참전하게 된다. 전쟁 중에 우연히 은혜와 재회를 하나 그녀는 임신한 상태로 폭격을 맞아 사망하게 된다. 포로로 잡힌 명준은 정전이 되자 남도 북도 아닌 제3의 중립국을 택한다. 하지만 중립국으로 가는 배에서 바다로 뛰어든다.

> 인간은 그 자신의 밀실에서만은 살 수 없어요.
> 그는 광장과 이어져 있어요.

정치는 인간의 광장 가운데서두 제일 거친 곳이 아닌가요?
(…)
사람이 똥오줌을 만들지 않고는 살 수 없는 것처럼,
정치에도 똥과 오줌은 할 수 없지요. 거기까진 좋아요.
허지만 하수도와 청소차를 마련해야 하지 않아요?
한국 정치의 광장에는 똥오줌에 쓰레기만 더미로 쌓였어요.
모두의 것이어야 할 꽃을 꺾어다 저희 집 꽃병에 꽂구, 분수 꼭지를 뽑아다 저희 집 변소에 차려놓구, 페이브먼트를 파 날라다가는 저희 집 부엌 바닥을 깔구.
한국의 정치가들이 정치의 광장에 나올 땐
자루와 도끼와 삽을 들고,
눈에는 마스크르 가리고 도둑질하러 나오는 것이지요.
(……)
광장이 죽은 곳, 이게 남한이 아닙니까? 광장은 비어있습니다.
나오는 것이지요."

고고학자이며 여행가인 정 선생인 '정치'에 대한 물음에 남한 정치의 환멸을 이야기하는 장면이다. 정부가 부와 권력을 독식하는 상황은 대학생이고 청년인 눈에는 남한이 아수라장 세계로 느껴졌을 것이다. 그래서 그는 밀실에서 산다. 사람에게는 개인적 공간인 밀실과 사회적 공간인 광장이 모두 필요하다. 광장과 밀실은 구분되어 있지 않다. 광장은 공동의 이념을 추구하면서 바람직한 사회를 건설하는 공간이다. 광장이 정상적이어야 밀실도 정상이 된다. 명준은 대남방송에 나온 아버지로 인해 빨갱이로 고문받는 것을 계기로 밀실은 훼손되고 만다. 그는 남한의 광장은 죽은 곳이고 비어있다고 한다. 곧 그가 있는 밀실도 죽은 곳이고 비어있는 곳이 된다. 게다가 밀실의 희망이었던 윤애와의 사랑마저 이루어지지 않는다. 그는 광장을 찾아 월북한다.

> 명준이 북녘에서 만난 것은 잿빛 공화국이었다.
> 이 만주의 저녁 노을처럼 핏빛으로 타면서
> 나라의 팔자를 고치는 들뜸 속에 살고 있는 공화국이 아니었다.
> (……)
> 학교, 공장, 시민회관, 그 자리를 채운 맥 빠진 얼굴들, 그저 앉아 있었다.
> 그들의 얼굴에는 아무 울림도 없었다.
> 혁명의 공화국에 사는 열기 띤 시민의 얼굴이 아니었다.

북한에서 밀실 없는 광장의 현실을 보게 된다. 개인적인 공간인 밀실은 강제로 폐쇄되어 있고 광장 또한 당의 독재 아래 타락해 가는 현실을 보고 그는 회의감에 빠진다. 북한은 표현의 자유가 없는 개인적 삶은 물론 사회적 삶도 당이 점령해서 집단적 광장만 존재한다.

> 아하, 당은 저더러는 생활하지 말라는 겁니다.
> 일이면 일마다 저는 느꼈습니다.

제가 주인공이 아니고 '당'이 주인공이란 걸,
'당'만이 흥분하고 도취합니다.
우리는 복창만 하라는 겁니다.
'당'이 생각하고 판단하고 느끼고 한숨지을 테니,
너희들은 복창만 하라는 겁니다.
우리는 기껏해야 "일찍이 위대한 레닌 동무는 말하기를…"
"일찍이 위대한 스탈린 동무는 말하기를…"
그렇습니다. 모든 것은, 위대한 동무들에 의하여, 일찍이 말해져버린 것입니다.
이제는 아무 말도 할 말이 없습니다.
우리는 인제 아무도 위대해질 수 없습니다.

명준은 아버지에게 주체사상이 지배 이념 된 북한의 현실을 따진다. 아버지는 침묵으로 일관한다.

사람이 사람을 안다고 말할 때,
그건 얼마나 큰 잘못인가.
사람이 알 수 있는 건 자기뿐.
속았다 하고 떼었다 할 때, 꾸어주지도 않은 돈을 갚으라고 조르는 억지가 아닐까.
'사랑'이란 말 속에, 사람은 그랬으면, 하는 바람의 모든 걸 집어넣는다.
그런, 잘못과 헛된 바람의 헛믿음으로 가득 찬 말이 바로 사랑이다.

절망의 끝에 그는 '은혜'라는 희망을 만났다. 그녀는 그에게 광장과 밀실이 어우러진 희망의 새로운 세계였다. 하지만 유엔군의 폭격으로 명준의 아이를 임신한 은혜가 죽게 되자 희망은 지독한 상처로 남게 된다. 은혜의 죽음으로 이명준 배는 마지막 돛대가 부러졌다. 이제 앞날을 바라보면서 살 수 있는 힘이 남아 있지 않았다. 정박할 곳 없는 난파선은 항구를 잊어버리고 물결에 몸을 맡긴다.

"중립국"

포로 송환 과정에서 명준이 선택한 것은 공산주의 북한도 자유주의 남한도 아니었다. 그가 선택한 것은 중립국이었다. 그가 가야 할 곳 삶의 광장은 자신이 경험한 사회 남쪽과 북쪽 어느 곳에도 없다는 판단이었다. 사실 그는 어느 쪽도 갈 수 없는 상황이었다. 남한에서 그는 월북한 빨갱이 아버지를 둔 것도 모자라 월북과 북한군으로 전쟁에 참여했고, 북한에서는 남로당 출신 박헌영이 숙청을 당했기 때문에 아버지도 숙청의 위기에 몰려 있어 숙청당할 확률이 매우 높았다. 그에게 밀실은 사라졌고, 억압적인 광장만 남았기 때문이다.

다만, 나에게 한 뼘의 광장과 한 마리의 벗을 달라.

명준이 원하는 것은 작은 광장과 벗과 마음을 주고받을 수 있는 밀실이었다.

중립국.

아무도 나를 아는 사람이 없는 땅,

하루 종일 거리를 싸다닌대도 어깨 한번 치는 사람이 없는 거리.

내가 어떤 사람이었던지도 모를뿐더러 알려고 하는 사람도 없다.

그런데 명준이 중립국에서 생각하는 삶은 '히키코모리(정신적인 문제나 사회생활에 대한 스트레스 따위로 인하여 사회적인 교류나 활동을 거부한 채 집 안에만 있는 사람)'와 같은 밀실이었다. 그는 제3국에서 새로운 삶을 살 수 없다고 생각한다.

그는 지금, 부채의 사북자리에 서 있다.

삶의 광장은 좁아지다 못해 끝내 그의 두 발바닥이 차지하는 넓이가 되고 말았다.

(……)

큰 새와 꼬마 새는 바다를 향하여 미끄러지듯 내려오고 있다.

바다, 그녀들이 마음껏 날아다니는 광장을 명준은 처음 알아본다.

부채꼴 사북까지 뒷걸음질 친 그는 지금 핑그르 뒤로 돌아선다.

제정신이 든 눈에 비친 푸른 광장이 거기 있다.

(……)

거울 속에 남자는 활짝 웃고 있다.

그는 지금 자신이 부채를 잡는 부분, 부채꼴의 가장 안쪽 끝, 사북자리에 서 있다고 생각한다. 더 이상 물러설 곳이 없다고 생각한다. 삶의 끝이라고 생각한 곳, 사북자리에서 그는 큰 새와 꼬마 새, 은혜와 딸인 걸 알아본다. 그리고 그들을 향해 돌아서서 푸른 광장으로 뛰어든다.

> 인간은 광장에 나서지 않고는 살지 못한다.
> 그러면서도 한편으로
> 인간은 밀실로 물러서지 않고는 살지 못하는 동물이다.
>
> – 1991년판 서문

■ 생각 쓰기 ■

1. 내 안의 광장은 무엇인가? 또 현실에서 광장은 무엇이라 생각하는가?

2. 분단 현실을 체감한 적이 있는가? 있다면 어떤 순간이었는가?

3. 통일은 해야 하는가? 하지 말아야 하는가?

CHAPTER 11

인류 문명 발전에 대한 통찰 :

『총 · 균 · 쇠』 – 재러드 다이아몬드

인문학으로 읽는 세상

Chapter

11

인류 문명 발전에 대한 통찰:
『총 · 균 · 쇠』 – 재러드 다이아몬드

『총 · 균 · 쇠』는 재레드 다이아몬드가 쓴 책으로, 인간의 역사와 문명의 발전에 대한 질문을 다루고 있다. 이 책은 왜 각 대륙에서 문명의 발전 속도가 다르게 진행되었는지, 어떤 대륙이 다른 대륙을 정복하고 지배할 수 있었는지에 대한 궁금증에서 출발한다. 저자는 지리학적, 생태학적, 문화적 요인들을 분석하여 이러한 차이의 이유를 설명하고 있다. 예를 들어, 왜 유럽이 아메리카를 정복할 수 있었는지, 왜 아시아가 유럽보다 먼저 발전할 수 있었는지 등을 다양한 관점에서 설명하고 있다.

재러드 다이아몬드(1937년~)는 미국의 저명한 학자, 작가, 지리학자이다. 그는 캘리포니아 대학교 로스앤젤레스(UCLA)에서 교수로 활동하고 있으며, 진화생물학, 생리학, 지질학, 문화인류학 등 다양한 분야에서 연구하고 있다. 그는 새의 생리학적 적응에 관한 연구로 시작하여, 문화인류학과 지리학 분야로 연구 영역을 확장하였다. 그의 대표적인 저서로는 『총 ·

균 · 쇠』(Guns, Germs, and Steel)가 있다. 이 책은 인간의 역사와 문명 발전에 대한 원인을 탐구한 것으로, 1998년 퓰리처상을 수상하였다. 이 외에도 『섹스의 진화』(The Evolution of Sexuality), 『문명의 붕괴』(Collapse) 등의 저서가 있습니다. 다이아몬드는 그의 연구로 많은 상을 수상하였으며, 과학과 인문학 분야에서 그의 업적을 인정받고 있다.

"당신네 백인들은
그렇게 많은 화물을 발전시켜 뉴기니까지 가져왔는데
어째서 우리 흑인들은 그런 화물들을 만들지 못한 겁니까?"

재레드 다이아몬드의 친구였던 뉴기니인 '얄리'가 던진 질문이다. 이에 대해 응답하기 위해 『총 · 균 · 쇠』가 저술이 시작됐다. 이 책은 '왜 어떤 민족들은 다른 민족들의 정복과 지배의 대상으로 전락하고 말았을까? 왜 원주민들은 유라시아인들에 의해 도태되고 말았는가? 왜 각 대륙마다 문명의 발달 속도에 차이가 생겨났는가?', 쉽게 말하면 '최초의 인류가 번성했다고 전해지는 곳이 동아프리카인데, 왜 이들은 동서양의 다른 문명보다 한참 뒤떨어졌는가'에 대해 분석한 책이다.

이 책은 총 4부로 1~2부는 '유라시아가 최강자가 되는 과정', 3~4부는 '유럽이 최강자가 되는 과정'으로 이루어져 있다. 인류의 운명을 바꾼 중요한 요인들이 책의 제목처럼 총, 균, 쇠로

무기, 병균, 금속이라고 이야기하고 있다.

어떻게? 유럽이 아프리카, 아메리카를 지배할 수 있었을까? 이 책에서는 유럽에 있는 스페인 피사로 원정대가 남아메리카 잉카제국을 어떻게 일방적으로 점령할 수 있었는지에 대해서 설명한다.

168 VS 80,000

스페인 피사로 원정대는 기명 62명, 보병 106명이었지만 잉카제국의 황제 아타우알파에게는 8만의 대군이 있었다. 승리의 여신은 예상과 달리 스페인의 편이었다. 그 이유는 무엇일까? 먼저 정보의 차이였다. 스페인은 13년 전에 아즈텍을 침략해서 멸망시키고 문자로 기록해 놓았다. 그러나 잉카인들은 아즈텍 제국이 사라진 사실도 모르고 있었다(그 사이는 빽빽한 밀림인 다리엔 갭과 높은 안데스 산맥으로 막혀있어서 교류가 힘들었다). 잉카제국에는 문자가 없었으나 스페인에는 있었다.

> 정보는 입으로 전하는 것보다 문자를 사용할 때
> 훨씬 더 멀리, 더 정확하게, 더 자세하게 전파할 수 있다.
> (……)
> 피사로의 업적을 최초로 출판한 보고서는 그의 동료였던 크리스토발 데 메나의 저서로
> 아타우알파가 처형된 지 겨우 9개월 만인 1534년 4월에 출간

되었다.

그 책은 베스트셀러가 되어 유럽 각국의 언어로 신속하게 번역되었고, 그로 인해 스페인의 이주민들이 페루에 더 많이 흘러들어 그곳에서의 피사로의 지배력를 확고하게 해 주었다.

스페인 군대와 잉카인들은 전쟁 준비부터 달랐다. 유럽인들에 대한 정보가 전무한 잉카인들은 전쟁이 아닌 손님을 환영하는 행렬로 나온다. 아타우알파에게 성경을 건네주자 그는 던져버린다. 그들은 책이란 개념도, 문자가 뭔지도 몰랐기 때문이다. 그리고 전쟁이 시작되었으나 처음 듣는 우렁찬 총소리, 처음 보는 말의 모습에 혼란에 빠진다. 이 총은 지금처럼 살상용이라기 보다는 공포심 유발용으로 사용하고 있었다. 또한, 잉카제국에는 대형 동물은 라마 정도였다. 이 전쟁에서 스페인 군대는 한 명도 죽지 않고, 잉카제국은 약 7천 명이 무차별 학살을 당했다. 소수지만 이길 수 있었던 힘은 총과 칼과 갑옷인 쇠였다.

유럽인이 가져온 각종 질병은

남북아메리카 전역에서 유럽인 사이에서보다 훨씬 더 빠르게 각 부족으로 퍼져나갔다.

그렇게 죽어간 아메리카 원주민의 수는

콜럼버스 이전 인구의 95% 수준으로 추정된다.

미국 개척 시대에 그들은 왜 아프리카인들을 노예로 데리고 왔을까? 바로 전염병으로 인해 아메리카 원주민 95%가 몰살당했기 때문이다. 유럽인들이 갖고 온 홍역, 장티푸스, 천연두 등 풍토병으로 원주민들은 사라지게 된다. 유럽인들은 이미 전염병에 대한 면역력을 가지고 있었으나 원주민들은 그렇지 못했기 때문이다. 그들은 걸어 다니는 세균병기였다. 콜럼버스가 아메리카 대륙을 발견했을 시기 이전부터 이미 원주민들은 유럽에서 건너온 전염병에 의해 소멸되는 중이었다. 마치 용맹한 콜럼버스가 미개한 원주민을 하나씩 몰아내고 신대륙을 만들어 낸 개척자이기보다는 유럽의 여러 전염병 바이러스균의 수혜자였다.

왜 유럽인들은 총 · 균 · 쇠를 가질 수 있었을까? 다시 말해서 원주민들은 왜 총 · 균 · 쇠를 가질 수 없었을까? 유발 하라리는 『사피엔스』에서 농경 생활 시작을 인류 역사상 최대 사기극이라며 부정적으로 본다. 하지만 『총 · 균 · 쇠』에서는 농경 생활을 긍정적으로 서술하고 있다.

> 동식물의 가축화와 작물화는 곧 훨씬 더 많은 식량과 조밀한 인구를 의미했다.
>
> 그 결과 잉여 식량이 생겼고 또한 일부 지역에서는 동물을 이용하여 그와 같은 잉여 식량을 운반할 수 있는 수단이 생겨났다.
>
> 그 두 가지는 정치적으로 중앙집권화되고 사회적으로 계층화

되고 경제적으로 복잡하고 기술적으로 혁식적인 정주형 사회로 발전하는데 필요한 선행 조건이었다.

그러므로 가축화·작물화된 동식물이 있느냐 없느냐의 문제는, 유라시아에서 제국, 문자, 쇠 무기 등이 제일 먼저 발달했고 다른 대륙에서는 그보다 늦어지거나 끝까지 발달하지 못했던 이유를 설명해주는 궁극적 원인이 된다.

문자가 새로이 고안된 경우는 인류 역사를 통틀어 각각 그 지역에서 식량 생산이 가장 먼저 시작된 곳이었다. 수확한 농산물을 저장하고, 수확량을 계산하고, 배분하기 위해서는 문자가 필요했다. 수렵 생활에서는 수확량이 많지 않아 기록의 필요성을 못 느꼈으나 수확량이 증대하다 보니 기록의 필요성에 의해 문자가 생겨났다. 결국, 문자는 농업 혁명의 결과 태어났다. 문자는 시행착오를 기록하면서 데이터 베이스화 되었고 무기까지 만들게 되었다.

동물을 가축화한 사람들은
새로 진화한 병원균에 제일 먼저 희생되었지만
사람들은 곧 새로운 질병에 대하여 상당한 저항력을 진화시켰다.
그런데 면역성을 지닌 사람들이
그 병원균에 노출된 적이 없었던 사람들과 접촉하게 되면
유행병이 돌기 시작하며
심한 경우 전체 인구의 99%까지 몰살되기도 했다.

정착 생활을 하면서 식량을 생산하기 위해서 충분한 단백질원의 공급이 필수적이다. 그런데 식물종과 마찬가지로, 가축화가 가능한 동물종도 제한되어 있었다. 저자에 따르면 가축화가 잘 되는 동물종은 특수한 조건을 갖춰야 하는데 성질이 온순할 것, 성장이 빠르며 한 세대가 짧을 것, 수직적인 집단생활을 할 것, 초식동물일 것 등이 그 조건이다. 그런데 전 세계 148종의 포유류 중에서 가축화할 수 있는 포유류는 14종이었다. 그중 13종은 유라시아가 보유하고 있었고 남아메리카의 경우 '라마' 단 1종이었다. 지구상의 모든 전염병의 근원은 가축이다. 유럽인은 13종 포유류를 가축화하면서 온갖 균에 노출된다. 그들도 처음부터 전염병에 대한 면역력이 있었던 것은 아니다. 세월 속에 뼈아픈 시행착오를 겪으면서 항체가 생성된 것이다. 유럽인들은 13종의 균을 품고 아메리카로 간 것이다. 아메리카 원주민들은 단 1종의 균만 있었기에 무방비 상태로 몰살당하고 만다.

이 책에서는 식량 생산이 왜 유럽만 확산되었는가? 대해서도 이야기하고 있다. 아프리카와 아메리카도 농사를 지었다. 그런데 농사가 확산이 안 되었다. 유럽인들은 뛰어난 지능, 강인한 신체, 우월한 유전자여서? 아니다. 이 책에서는 오직 환경적 요인에 의해 그렇다는 것이다.

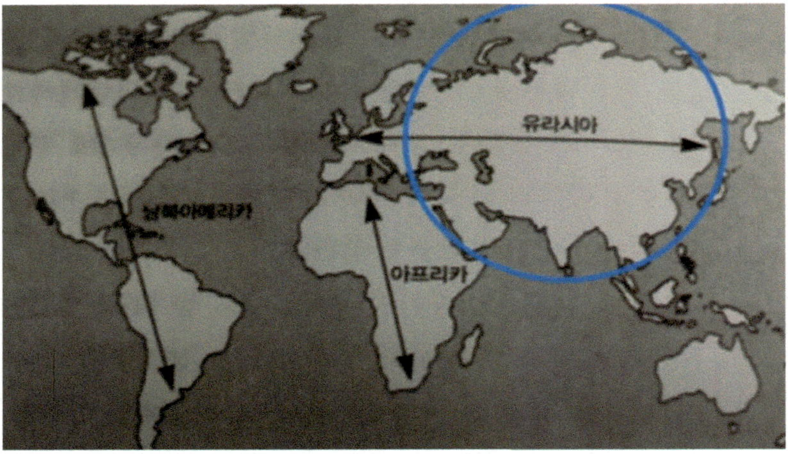

〈각 대륙의 주요 축〉

> 서로 수천 킬로미터나 떨어져 있는 사회들이라도
> 동일한 위도상에 있어서 그 기후와 낮의 길이가 비슷하기만 하면
> 농작물이나 가축을 쉽게 주고받을 수 있었다.

같은 위도의 지역은 기후, 식생, 토양이 일치한다. 예를 들어, 제주도에 자라는 귤을 평양에서 키울 수 있을까? 키울 수 없다. 토양, 기후가 다르기 때문이다. 이 작은 한반도에서도 위도가 달라지면 농업 확산이 안 되는데 세로축인 아메리카, 아프리카는 농업 확산이 될 수 없었다. 결국, 유럽인들은 지리적 장점을 가지고 있었다. 또한, 가축화할 다양한 포유류가 많았던 대륙에 살았기 때문이다. 반면 아메리카나 아프리카는 가축화할 동물이 없었기 때문이다. 각 대륙의 민족들이 언제 어떻게 농경민이나 목축민이 되었는가 하는 시기와 지리적 차이는 그 이후 각 민족의 대조적인 운명을 결정한 주요 원인이었다.

148종의 포유류 중 가축화할 수 있는 여섯 가지 이유 중 어느 하나에라도 해당되면 실격이 된다. 식성, 성장 속도, 감금 상태에서 번식시키는 문제, 골치 아픈 성격, 겁먹는 버릇, 사회적 구조 모두 통과해야 가축이 될 수 있다.

450kg 동일한 무게의 소와 사자
소 한 마리 = 옥수수 4,500kg
사자 한 마리 = 소 10마리
사자 한 마리 = 옥수수 4,500kg × 10

사자가 가축이 될 수 없었던 이유는 식성이 육식 때문이라기보다 잡아먹을 때까지 소보다 가성비가 떨어진다는 단점을 가지고 있다. 이런 비효율성 때문에 육식성 포유류는 단 1종도 식용으로 가축화 되지 못했다. 가축은 빨리 성장해야만 사육할 가치가 있다. 고릴라와 코끼리는 먹이를 가리지 않고 많은 고기를 얻을 수 있는데도 불합격이다. 그들이 다 자랄 때까지 장장 15년이 걸리기 때문이다. 회색곰은 770kg까지 나가고 초식성이며 빨리 자란다. 아프리카들소는 빨리 성장하여 금방 1톤이 된다. 하지만 문제는 이들의 포악한 성격이다. 만약 이들을 가축화하려는 사람들은 그 과정에서 죽임을 당하거나 그들이 더 크고 거칠어지기 전에 죽여야만 한다.

인간의 기원은 약 400만 년 전 아프리카에 등장한 오스트랄로피테쿠스다. 그러나 아프리카에서 인류가 가장 먼저 시작하였지만 성장하지 못하고 가장 낙후된 대륙이 된다. 그게 바로 이 책에서 말하는 세로축, 가축화할 수 없는 포유류가 이유다. 유럽이 세상의 중심이 된 이유는 무엇일까? 세계 역사를 살펴보면 세상의 중심은 아시아였다.

> 나는 '최적분열원칙'을 보았다.
> 궁극적인 지리적 요소로 인해 중국은 일찍 통합이 되었다.
> 유럽 대륙은 분열되어 있었다.
> 분열된 유럽은
> 각 나라 사이의 경쟁을 촉진함으로써
> 기술, 과학, 자본주의 진보를 육성했지만
> 통합된 중국은 그러지 못했다.

세계 4대 성인 중 소크라테(그리스)를 제외하면 공자(동아시아), 석가(남아시아), 예수(서아시아) 모두 아시아인이다. 그럼에도 불구하고 유럽이 세계의 중심이 될 수 있었던 이유는 발전 가능한 사회구조였다. 중국은 비옥한 토지로 유럽보다 농업의 시작이 빨랐고 1500년 이전까지 세계에서 가장 발전된 문명을 가지고 있었다. 통일된 중국은 외부 세력보다는 내부 세력 제압에 집중하느라 발전된 기술과 항해 등의 새로운 개척 정신을 받아들이는데 더디었다. 하지만 분열된 유럽은 경쟁을 통해 새로운 것을 발명하고 한정된 자원을 해결하기 위해 식민지를 개척하면서 발전하였다.

『총 · 균 · 쇠』을 요약한다면 유라시아 지역은 적당한 자연환경과 기후에 의해 농업과 가축사육이 다른 지역보다 이른 시기에 가능해졌다. 그로 인한 인구 밀집은 문자와 사회제도 기계의 발명이 상대적으로 빨리 이루어졌다. 또한, 가축으로부터 전이된 전염병을 더 빨리 경험하게 되면서 면역이 생긴 유럽인들이 상대적으로 면역이 전혀 없는 다른 문명을 지배할 수 있었다. 다시 말해서 민족마다 역사가 다르게 진행된 것은 각 민족의 생물학적 차이 때문이 아니라 환경적 차이 때문이란 말이다.

> 이제 지구상의 대륙들을 훑어보는 짧은 여행을 끝마친 지금,
> 우리는 얄리에게 어떤 대답을 해주어야 할까?
> 나 같으면 얄리에게 이렇게 말하겠다.
> 각 대륙의 사람들이 경험한 장기간 역사가 서로 크게 달라진 까닭은
> 그 사람들의 타고난 차이 때문이 아니라
> 환경의 차이 때문이었다고.

■ 생각 쓰기 ■

1. 현대 사회에서 '총 · 균 · 쇠'는 무엇일까?

2. 지금 지구상에서 사라져가고 있는 것들 중 지키고 싶은 것이 있는가?

3. 인류 문명을 바꿀 수 있는 것에는 환경 말고 어떤 것이 있을까?

CHAPTER 12

정신 승리법의 늪 :

『아큐정전』 - 루쉰

인문학으로 읽는 세상

Chapter 12

정신 승리법의 늪 : 『아큐정전』 - 루쉰

『아큐정전(阿Q正傳)』은 루쉰(魯迅)이 1921년에 쓴 중국 현대 문학의 대표작 중 하나이다. 이 소설은 중국 사회의 혼란기와 지식인의 자아 성찰을 그린 작품이다. 주인공 아큐(阿Q)는 현실에서는 약하고 무력한 존재이지만 자신만의 독특한 방식으로 자아를 지키고 세상을 이겨내는 모습을 보여준다. 아큐는 현실에서 억압과 착취를 당하면서도, 자신만의 상상 속에서 자아를 유지하고 힘을 얻는다. 그는 자신을 비하하고 모욕하는 사람들에게도 굴하지 않고, 자신만의 방식으로 현실을 해석하고 대처한다. 그러나 결국 아큐는 현실의 벽에 부딪혀 비극적인 최후를 맞이하게 된다. 이 작품은 중국 사회의 현실과 지식인의 내면세계를 깊이 있게 그려내어 많은 사람들에게 영향을 끼쳤다.

루쉰(1881~1936)은 중국의 대표적인 현대 작가, 사상가, 혁명가이다. 그는 중국의 정치적, 사회적 혼란기인 청나라 말기

와 중화민국 초기에 활동하였다. 그는 1881년에 중국에서 태어나, 청년 시절에 일본의 도쿄 대학에서 의학을 공부하였다. 그러나 의학보다는 문학과 사상에 더 관심을 가지게 되어, 작가로서의 길을 걷게 되었다. 그는 작품들을 통해 중국의 사회적 문제와 전통적인 가치관에 대한 비판을 하였다. 그의 대표작 중 하나인 『아큐정전(阿Q正傳)』은 중국 사회의 억압과 인간의 내면 세계를 그린 작품으로, 중국 현대 문학의 중요한 작품 중 하나로 평가받고 있다. 또한, 중국의 혁명 운동에도 참여하였다. 그는 중국의 개혁과 혁명을 위한 글들을 쓰고, 중국의 현대화와 민주주의를 위한 노력을 기울였다. 그의 사상과 작품은 중국의 현대 사상과 문학에 큰 영향을 미쳤으며, 그의 업적은 중국 문학사에 높이 평가되고 있다.

희망이란 본래 있다고도 할 수 없고,
없다고도 할 수 없다.
그것은 마치 땅 위의 길과 같은 것이다.

본래 땅 위에는 길이 없었다.
걸어가는 사람이 많아지면 그것이 곧 길이 되는 것이다.

\- 루쉰

중국 근대 문학을 대표하는 작가 중 하나인 루쉰은 격변의 시기인 청나라 말기에 태어났다. 지주 집안에서 태어나 일본으로 유학 가서 의학전문학교에 다닌다. 학교에 다니던 중 루쉰은 어느 날 수업 시간에 일본인 교수가 틀어준 '러 · 일 전쟁' 관련 영상 속에서, 일본군에게 처형당하는 중국인 포로를 넋 놓고 바라보는 동포의 모습을 보고 충격받았다. 루쉰은 그 장면을 보고서 '중국인은 구경꾼'이라는 정의를 얻었다. 구경꾼은 자기 앞에서 벌어지는 역사적 사건에 거리를 둔 채, 수동적이고 몰자각적이 된다. 루쉰은 자기 민족의 구경꾼 의식을 흔들어 깨우고자 몸을 고치는 의사가 되기보다 정신을 고치는 작가가 되는 것으로 목표를 바꾸었다. 구질서와 봉건 문화를 혁파하려는 1918년 문화혁명을 계기로 본격적 작가 활동에 들어간다. 그는 근현대 중문학을 대표하는 가장 중요한 인물이자 근현대 중문학의 아버지로 불린다. 그의 소설들은 중국 문학을 대표하는 고전의 반열에 올랐으며 근현대 중국 문인 중 가장 존경받는 작가로, 현대 중화권 최고 작가들 역시 그를 정신적 스승으로 삼는다. 또한, 그는 오늘날에 중국의 "민족의 영혼"으로도 평가받고 있다.

1921년에 쓴 『아Q정전』은 한문학의 전통적인 양식인 'OO전'의 형식을 차용하였고, 중국 현대문학의 시초로 평가받는 작품이다. 중국 근현대 소설로 처음으로 유럽이나 여러 나라로 번역, 수출되면서 중국 문학을 알린 작품이다. 루쉰은 이 작품의 주인공인 아Q를 통해서 세상에 뒤쳐져 있는 당시 중국인들의 현실을 날카롭게 풍자하고 비판하고 있다. 특히, 아Q의 모습은 '정신 승리'의 전형을 보여주고 있다.

주인공 아Q

- 직업: 날품팔이 일용직
- 재산: 없음
- 내세울만한 능력: 없음
- 자존심: 우주 최강

『아Q정전』은 신해혁명을 통해 청 왕조가 무너지고 중화민국이 세워지는 시기인 1920년대 중국의 모습을 배경으로 당시의 농촌 생활과 중국인들의 사고방식을 그려내고 있다. 이 작품에서 그려진 이 시기의 중국인들의 모습에서는 '이렇게 해야 된다.'라는 목표나 희망이 보이지 않는다. 오히려 무기력하고 교활한 모습만을 발견하게 된다. 작가인 루쉰은 이 작품을 읽은 중국인들이 작품 속 아Q가 자신들의 모습이라고 공감하면서 스스로 변화를 하도록 해야겠다는 생각으로 이 작품을 썼다고 한다. 하지만 이런 비판은 1920년대 중국인들에게만 해당되는 것이 아니었다. 이 작품은 세계 여러 나라 사람들에게도 교훈을 남기기 시작해 번역되어 널리 읽히게 되면서 고전 반열에 오르게 되었다. 아Q는 내세울 거라고는 하나도 없는 하층민이지만 '자존심' 만큼은 대단했다. 어느 정도인가 하면 지역민들에게 엄청난 존경을 받고, 자식도 잘 키웠고, 비교 불가의 재력까지 가지고 있는 동네 짜오영감이라는 인물을 '별 것도 아닌 사람'이라고 간단히 무시해버리는 정도였다.

주인공인 아Q는 이름도 출신도 불명확한 사람이다. 그는 가족도 없고 집도 없어 마을 사당에서 살면서 하루하루 품팔이를 하며 살아가는 인물이다.

> 건달들은 그것으로 끝내지 않고 계속 그를 놀려댔고,
> 그러고서 마침내는 때리기까지 했다.
> 아Q는 형식상으로는 패배했다.
> 놈들은 노란 변발을 휘어잡고 벽에 그의 머리를 너덧 번 쿵쿵 짓찧었다.
> 건달들은 그제야 만족해하며 의기양양하게 돌아갔다.
> 아Q는 잠시 선 채로,
> "나는 자식에게 맞은 셈 치자… 요즘 세상은 정말 개판이야……."
> 라고 생각했다.
> 그러고 나서는 그도 만족하며 의기양양하게 돌아갔다.

체구도 볼품없었던 아Q는 흥분하면 빨갛게 충혈되는 부스럼이 머리에 몇 군데 있었다. 그 부스럼을 부끄러워해서 사람들이 부스럼과 비슷한 발음도 못 쓰게 했다. 사람들이 실수로라도 그 글자를 자기 앞에서 쓰면 그 부스럼 자국을 온통 붉히며 화를 냈다. 나중에는 '빛나다'도 꺼리고 더 나아가 '등불'이란 말만 들어도 화를 냈다. 그리고 "상대를 평가해보고서 어눌한 자 같으면 욕을 했고 힘이 약한 자 같으면 때렸다." 그걸 알고 있던 건달들은 "원래 등불이 여기 있었군.'"놀려대자 꺽이지 않는

자존심은 세상이 문제라며 정신 승리법을 사용한다. 이처럼 독특한 마인드를 가진 아Q는 자기가 싸움에서 졌거나 상대에게 모욕을 당하는 일이 생겼더라도 무조건 "내가 이겼어."라고 우쭐해 하는 자신만의 정신 승리법을 소유하고 있었다.

> 아Q가 마음속으로 생각한 것을 나중에 하나하나 다 입 밖으로 말했기 때문에
> 아Q를 놀리던 사람들은 그에게 일종의 정신의 승리법이 있다는 것을 거의 다 알게 되었고,
> 그 뒤로는 그의 노란 변발을 잡아챌 때마다
> 사람들이 먼저 그에게 이렇게 말했다.
> "아Q, 이건 자식이 애비를 때리는 게 아니라 사람이 짐승을 때리는 거다.
> 네 입으로 말해봐! 사람이 짐승을 때린다고!"
> (……)
> "벌레를 때린다, 됐지? 나는 벌레 같은 놈이다…… 이제 놔 줘!"

아Q가 쓰는 정신 승리법을 알게 된 건달들이 그를 구타하며 정신 승리법을 부정하는 말을 하도록 위협한다. 그들은 아Q가 정신 승리법을 못 쓸 것이라고 생각한다.

> 그(아Q)는 자기가 자기경멸을 잘하는 제일인자라고 생각했다.
> '자기경멸'이라는 말을 빼고 나면 남는 것은'제일인자'이다.
> 장원도 '제일인자'이지 않은가?
> "네까짓 것들이 뭐가 잘났냐?"

하지만 오산이었다. 그는 건달들에게 당한 치욕을 십 초도 지나지 않아 새로운 정신 승리법을 만들어낸다. 즉, 장원급제한 사람도 일인자이고 자신도 (자기경멸이라는 점을 제쳐두고 생각하면) 일인자이기 때문에 자신은 장원급제 한 사람과 동급이라는 정신승리를 한다.

> 그러나 그는 금새 패배를 승리로 바꾸어놓았다.
> 그는 오른손을 들어 자기 뺨을 힘껏 연달아 두 번 때렸다.
> 얼얼하게 아팠다.
> 때리고 나서 마음을 가라앉히자 때린 것이 자기라면
> 맞은 것은 또 하나의 자기인 것 같았고,
> 잠시 후에는 자기가 남을 때린 것 같았으므로
> —비록 아직도 얼얼하기는 했지만—
> 만족해하며 의기양양하게 드러누웠다. 그는 잠이 들었다.

그는 정신 승리법이 깨질 때마다 쉬지 않고 새로운 정신 승리법을 만들어냈다. 그는 돈이 생기면 야바위 노름을 하러 갔다. 마을 제사를 지내는 날 밤, 노름판에 딱 한 번 돈을 크게 땄을 때, 싸움이 나고 그 싸움통에 돈이 사라져 버린다. 제삿날 벌어지는 노름판은 대부분 이 마을 사람들이 아니라 돈을 찾을 수 없었었다. 그러자 자기 뺨을 후려치고 난 후 그것으로 정신 승리를 한다.

강약약강(强弱弱强)

강약약강(强弱弱强)은 아Q의 정신 승리법이자 삶을 살아가는 방법이었다. 자신보다 못하다고 여겨지는 사람들은 때리고, 무시하고, 하대한다. 하지만 자신보다 강한 사람이 때리고, 무시하고, 하대하면 정신 승리법으로 대응한다. 자신이 싫어하고 무시하던 왕 털보에게 시비를 걸다가 오히려 맞고, 가장 싫어하는 '가짜 양놈'이라고 부르는 치엔 노어른의 큰아들에게 지팡이로 맞는 굴욕을 당하자 화풀이로 비구니를 성희롱한다. 그걸 본 사람들이 크게 웃자 득의양양해 한다. 마을 사람들이 성희롱을 말리지 않고 그 광경을 보며 낄낄댔다는 점에서 비판하는 대상은 아Q 만은 아닌 중국인 전반이라는 것을 알 수 있다. 그리고는 짜오 노어른 댁 하녀 우마에게 같이 자자며 들이댔다가 매질을 당하고 마을에 왕따가 되어 아무도 일거리를 맡기지 않는다. 아Q는 역으로 마을 사람들을 왕따시키는 정신 승리법을 실행한다. 마을을 떠난 것이다.

마을을 떠난 아Q는 큰 성으로 들어갔다가 추석 직후에 금의환향한다. 새 옷을 입고, 돈도 막 쓰는 등 사람이 달라져 있었다. 또한, 중고지만 쓸만한 옷가지들까지 가져왔기에 여자들은 그 옷가지들을 사려고 아Q를 만나려고 했다. 사람들이 성공의 내막을 묻자 아Q는 거인(청나라 시절 과거에 급제한 선비를 일컫는 말) 영감 댁에서 일했다고 말한다. 거인 영감은 그 일대에서 유일무이한 명성을 지닌 위인이었기에 모두들 부러워하며 수긍했다. 하지만 실제로는 도둑질 패에 합류해서 망을 보고 있다가 그 도둑들은 걸리고 담 밖으로 던져낸 자루만 가지고 튀어서 가지게 된 돈이다. 그는 그것을 밑천 삼아 장사를 시작해서 돈을 많이 벌게 된 것이었다. 이 사실이 들통나자 다시 마을 사람들에게 멸시를 받는다.

> 어찌 된 것인지 갑자기 자기는 혁명당이고
> 웨이주앙 사람들은 모두 자기의 포로인 것 같았다.
> (……)
> 웨이주앙 사람들은 모두 두려워하는 눈빛으로 그를 바라보았다.
> 그 불쌍한 눈빛은 아Q가 이제껏 본 적이 없는 것이었는데
> 그것을 보자 그는 유월에 빙수를 마신 것처럼 속이 시원해졌다.

이때 중국은 신해혁명이 일어난다. 아Q는 사람들이 혁명당만 나타나면 벌벌 떨자 혁명당 행세를 한다. 아Q는 혁명당이 무엇을 하는지 알기는커녕 알고 싶지도 않아 한다. 그저 강자의 편에 선다는 것이 좋았다.

> 그는 갑자기 깨달았다.
> 이것은 목을 베러 가는 것이 아닌가?
> 마음이 다급해지자 눈앞이 캄캄해지고 귀가 멍멍해지며 넋이 나가는 것 같았다.
> 그러나 완전히 넋을 잃은 것은 아니어서

> 때로는 초조해하기도 했지만 때로는 또 태연해지기도 했다.
> 그는 얼핏, 사람이 세상에 태어나서
> 때로는 목을 잘리게 되기도 하는 법인가 보다 싶은 생각이 들었다.

한편 혁명의 소용돌이 와중에 짜오 노어른 댁이 약탈을 당하는 사건이 발생하게 된다. 아Q가 도둑으로 지목되고 체포당하게 된다. 하지만 아Q는 영문도 잘 모르면서 자기가 혁명을 하려 했던 것 때문에 잡혀가는 것이라고 믿어버린다. 일명 정신 승리법이다. 결국, 왜 잡혔는지도 모르는 상황에서 아Q는 조리돌림을 당하며 형장으로 끌려간다. 그 순간에도 아Q는 "살다 보면 목이 잘릴 수도 있는 거지." 하고 정신 승리법을 쓴다. 그리고 총살을 당한다.

아Q의 아(阿)자는 중국에서 타인을 부를 때 이름이나 성씨에 흔히 붙이는 호칭이다. 루쉰은 작품에서 아Q의 이름이 무슨 자를 쓰는지 자신도 정확하게 알지 못한다면서 Q자가 정확하게 무슨 글자인지 명시하고 있지 않다. 이 설정은 아Q가 특정한 개인이 아니라 중국 농촌에 사는 최하층민을 형상화하고 나아가 당시의 중국인 전체를 상징하고 있다. Q라는 글자가 변발한 중국인의 뒷모습을 상징하고, 마침 변발도 영어로 '큐'(표기는 Queue)라고 읽는다. 작가는 아Q를 동정하기보다는 비판하거나 풍자하는데 초점을 맞추고 있다.

자기 객관화를 인식하면 인정하게 되고 발전하게 된다. 그런데 아Q는 자기 객관화를 하지 않는다. 그래서 자신의 행동을 상대방에게 이해시키려 하지도 않는다. 행동에 대한 반성이나 후회도 없이 정신 승리법으로 자기합리화를 한다. 잘못을 인정하지 않고 외면하는 아Q이 우리에게도 있지 않을까?

아Q처럼 살아서는 안 돼!

당시 중국은 영국과의 아편전쟁, 프랑스 일본 등 여러 나라와의 전쟁을 연달아서 패배하고 있었다. 그런데 중국인들은 "중국은 큰 나라다."라고 말하면서 우쭐거리고 있었다. 루쉰은 아Q를 통해 '자기만족', '자기 속임수'에 빠져 있는 중국인들의 모습을 비판하고 있다. 능력은 없으면서, 자존심만 세고, 현실을 왜곡해서 해석하고, 부당함에 저항할 줄 모르고, 무기력하며 노예근성까지 있는 아Q라는 인물을 통해 아Q처럼 살면 안 된다고 말하고 있다.

> 당연히 모두들, 아Q가 나쁘다.
> 총살당한 것이 그가 나쁘다는 증거다.
> 나쁘지 않다면 어째서 총살까지 당하게 된단 말이냐, 라고 말했다.

어찌 보면 불쌍한 아Q의 최후지만 작가는 그에 대한 세간의 평을 보여주며 동정의 여지가 없다고 말한다. 이처럼 아Q를 총살시켜 버리면서 당시 중국인들 내부에 있는 어리석고 못난 모습을 소설에서나 제거하고 싶었던 건 아닐까?

루쉰의 삶과 사상은 중국인들에게 엄청난 영향을 끼쳤다. 『아Q정전』이 발표되었을 때 친구들이 "왜 내 모습을 그린 거야?"라고 화를 내면서 절교를 선언했다고 한다. 그만큼 아Q 라는 인물이 곧 중국인들의 모습이었기 때문이다. 루쉰이 사망했을 때 수천 명 이상이 시민들이 장례식에 참여했고 관을 덮는 천에는 '민족혼'이라는 글자가 쓰여 있었다. 루쉰은 민족혼을 일깨워준 인물이었다.

지금 우리의 모습에서도 아Q의 모습을 찾을 수 있지 않을까?
무기력함
운명에 맡겨버리는 태도
환경 탓, 남 탓하기
그리고 이것들을 개혁하려는 의지 없고
기회주의
남의 눈을 지나치게 의식하며 체면을 차리는 것
약자 경시 태도
조금 아는 것을 가지고 잘난척하기
남에게 윤리적이라고 강요하면서도 자신은 전혀 윤리적이지 않는 것

어쩌면 아Q는 지금 우리들의 모습이기도 하다. 정신 승리법으로 우리는 살고 있지 않은가 고민해 볼 필요가 있다.

■ 생각 쓰기 ■

1. 현대 사회에 아Q가 있다면 어떤 모습일까?

2. 나에게도 아Q와 같은 정신 승리법이 있는가? 또는 자기합리화에 대해 어떻게 생각하는가?

CHAPTER 13

유토피아의 민낯 :

『멋진 신세계』 - 올더스 헉슬리

인문학으로 읽는 세상

Chapter 13

유토피아의 민낯 : 『멋진 신세계』 - 올더스 헉슬리

『멋진 신세계』는 올더스 헉슬리가 1932년에 발표한 소설이다. 이 소설은 미래 사회에서 인간의 삶과 사회의 모습을 그린 작품으로, 인간의 자유와 개성을 강조하며, 대량 생산과 통제된 사회 체제를 비판하고 있다. 이 소설은 미래 사회에서 인간의 생명이 인공적으로 조작되고, 인간의 욕구와 욕망이 통제되는 사회를 그리고 있다. 이러한 사회에서는 인간의 개성과 자유가 억압되며, 인간은 대량 생산되고, 감정과 욕망은 약으로 통제되고 있다. 이 소설은 미래 사회의 모습을 통해 현대 사회의 문제점과 인간의 본성에 대해 생각해 볼 수 있는 작품이다.

올더스 헉슬리(1894~1963)는 영국의 작가로, 현대 문학의 대표적인 작가 중 한 명이다. 그의 작품은 인간의 본성과 사회의 문제, 과학과 기술의 발전 등에 대한 비판적인 시각을 담고 있다. 대표작 중 하나인 『멋진 신세계(Brave New World)』

는 미래 사회를 배경으로 한 과학 소설로, 인간의 삶과 사회의 모습을 그려내고 있다. 이 소설은 미래 사회의 문제를 예견하며, 현대 사회의 문제점을 비판적으로 다루고 있다. 〈가자에서 눈이 멀어〉(1936), 3차 세계대전을 가상한 가공소설 〈원숭이와 본질〉(1949) 등의 작품이 있다. 그의 작품은 인간의 본성과 사회의 문제에 대한 깊은 고찰을 담고 있으며, 현대 문학의 중요한 업적으로 평가받고 있다.

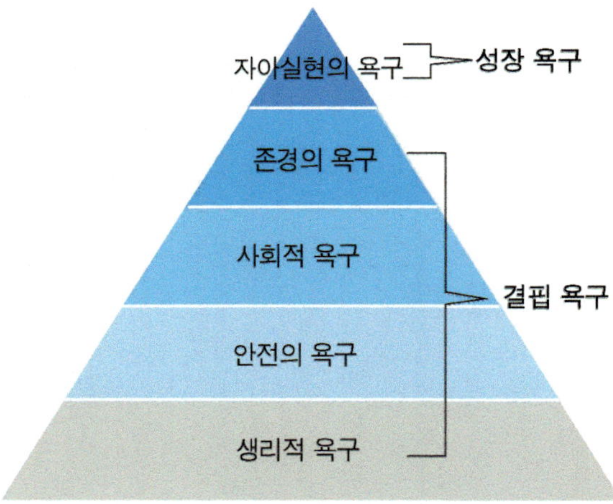

〈매슬로우 욕구 5단계〉

매슬로우는 인간의 욕구를 5단계로 나누었다. 먼저, 생리적 욕구는 의식주, 수면 등 생존과 관련된 기본적 욕구이다. 살기 위해 먹는다는 말이다. 생존적인 문제들이 충족되면 위험으로부터 안전의 욕구를 가진다. 안전한 환경과 상태에서 가족, 친구, 사회적 그룹과 소속되고 사랑을 받고 싶은 욕구를 느낀다.

사회적 소속이 충족되면 자신과 타인에게 존중과 존경을 받고 싶은 욕구를 느낀다. 자기실현의 욕구는 가장 높은 수준의 욕구로 스스로 발전시켜 성취, 목표 달성의 욕구이다. 1단계에서 3단계까지는 우리가 살아가는데 기본적으로 충족되어야 하는 욕구이다. 존경의 욕구와 자아실현의 욕구는 현재보다 더 성장하고자 하는 욕구이다. 4단계, 5단계의 욕구가 충족되면 자아존중감이 올라가고, 삶의 성취감을 느낀다. 매슬로우의 욕구 5단계를 생각하며 『멋진 신세계』를 알아보자.

우리는 왜 일을 할까? 일하면 돈을 벌어 여행을 가고, 친구를 만나고 가정을 꾸릴 수 있기 때문이다. 즉, 행복하기 위해 일을 한다.

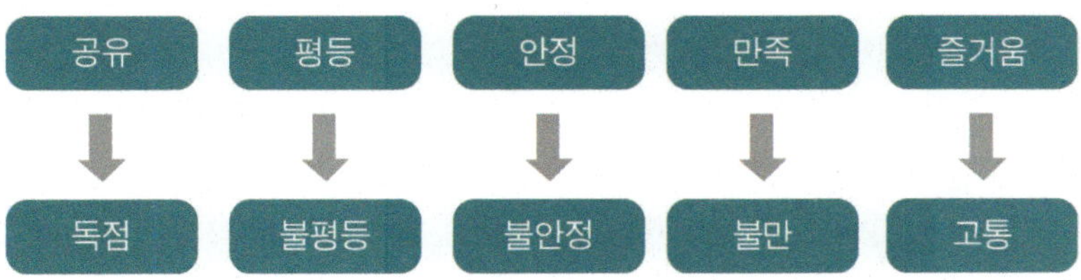

위의 키워드 중 마음에 드는 것은 무엇인가? 공유-평등-안정-만족-즐거움이 있는 세계에서 살고 싶은가? 아니면 독점, 불평등, 불안정, 불만, 고통이 있는 세계에서 살고 싶은가? 아마 앞쪽의 세상에 살고 싶을 것이다. 올더스 헉슬리의 『멋진 신세계』에는 모든 불합리한 요소들이 해소된 안정만이 존재하는 유토피아를 그리고 있다.

우리는 현재 서기 2024년을 쓴다. 이 소설의 역사는 포드 기원전과 후로 나뉜다. 헨리 포드가 포드 모델T를 처음 만든 서기 1908년을 기원으로 한다. 『멋진 신세계』 속 시점은 A. F. 632년이다. 그러니까 1908+632=2540년이 된다. 헨리 포드는 이 사회에서 '단군' 같은 존재였다. 그는 자신의 이름을 딴 자동차 회사의 창설자이자 컨베이어 벨트를 이용한 최초의 대량생산 방식을 고안한 사람이기 때문이다. 집목집회(교회와 비슷)에서도 "우리 포드님을 영접합시다.", 시계 알림음도 "포드, 포드", 탄성도 "오, 포드여!", 성호를 그릴 때도 가슴에 T를 그린다. 헨리 포드가 이 세계에서는 정신적 지주이다.

> 겨우 34층밖에 안 되는 나지막한 잿빛 건물,
> 정문 입구 위에는 '부화-습성 훈련 런던 총본부'라는 현판이 걸렸고,
> 방패꼴 바탕에는 '공동체, 동일성, 안정성'이라는 세계국의 표어.

첫 장에 나오는 문장이다. 첫 문장으로 이 작품의 분위기가 모두 파악된다. 34층을 '겨우'라고 표현하고 있다. 엄청나게 높은 고층 빌딩이 많은 미래 사회인 것을 알 수 있다. '나지막한 잿빛 건물'에서 이 소설의 흐름이 밝지 않다는 예상을 할 수 있다. 하나의 거대한 세계정부가 '공동체, 동일성, 안정성'을 추구하는 것도 알 수 있다. 그러면 '부화-습성 훈련 런던 총본부'는 뭘까? 공간적 배경은 '런던'이다. '부화'란 새가 알 속에서 껍질을 뚫고 나올 때 쓰는 말이다. 그렇다. 『멋진 신세계』에서 모

든 인간은 조류처럼 부화되어 세상에 나온다. 모든 인간은 인공 수정으로 태어나며 양육과 교육도 국가가 책임지고, 태어나기 전 계급도 결정되어 있다. 아이들은 '부화-습성 훈련 런던 총본부'에서 인공 부화기를 통해 태어난다.

5개 계급

알파(α): 지도층에 속하는 최고의 엘리트

베타(β): 행정 업무를 맡는 중산층

감마(γ): 일반인

델타(δ): 노동자

엡실론(ε): 최하위 노동자

이 소설에 등장인물들은 5개의 계급으로 나누어져 있다. 이들의 계급과 지능, 신체조건은 인공부화기 안에서 이미 결정되어 태어난다. 'α,β,γ,δ,ε'는 그리스 문자이다. 알파는 숫자 1, 베타는 2, 감마는 3, 델타는 4, 엡실론은 5를 뜻한다.

> 난자 하나네, 태아 하나에, 성인이 하나-그것이 정상이다.
> 하지만 보카노프스키를 한 난자는 움트고, 발육하고, 분열한다.
> 8개에서 96개까지 싹이 생겨나고,
> 모든 싹은 완벽하게 형태를 갖춘 태아가 되고,
> 모든 태아는 완전히 성숙한 어른이 된다.

전에는 겨우 한 명이 자라났지만
이제는 96명의 인간이 생겨나게 만든다. 그것이 발전이다.

알파하고 베타의 경우 한 난자에서 한 생명체가 탄생하는데 감마, 델타, 엡실론의 하위 계급은 달랐다. 이들은 유전적 편집으로 96명의 쌍둥이가 만들어지고 있었다. 포드 자동차가 컨베이어 벨트를 이용해서 자동차를 대량 생산하듯이 하나의 난소로 수천, 수만 명도 찍어내고 있었다. 착상된 태아들은 병 속에서 자란다. 이 병이 엄마의 뱃속이고, 인큐베이터라고 보면 된다. 혈액 공급량과 산소공급량을 조절하여 계급이 분류되고 습성을 훈련시킨다. 상류층인 알파에게는 충분한 혈액과 산소를 공급해서 태어나면 우선 키가 크다. 외모도 멋지고 지적 능력도 우수한 완벽한 인간으로 탄생한다. 하지만 아래로 갈수록 혈액량과 산소공급량을 의도적으로 줄인다. 그리고 알코올을 주입해 신경계를 망가뜨린다. 가장 하위 계급인 엡실론의 경우 70% 미만으로 떨어뜨리면 눈이 없는 괴물이 나오기 때문에 알파보다 30% 모자란 산소를 공급하여 난쟁이로 태어나게 한다. 이 세계에서 키가 작다는 것은 곧 열등한 존재라는 것을 의미한다. 엡실론 3D(힘들고, 더럽고, 위험한 산업) 직종에서 일 할 노동을 할 계급이어서 쓸데없이 지능 좋아 봐야 낭비라고 생각한다. 지적 능력 따윈 필요 없다는 말이다.

뜨거운 땅굴과 차가운 땅굴이 교대로 이어졌다.

차가움은 강렬한 X선의 형태로 불편함을 경험하는 연상 작용으로 이루어졌다.

유리병에서 옮겨 배양을 할 때쯤이면

태아들은 추위에 대한 공포를 느끼게끔 그렇게 훈련이 된다.

그들은 열대 지방으로 보내서 광부와 초산인조견 직조공과 철강 근로자가 되도록

미리 결정된 인력이었다.

나중에 그들의 이성은 육체의 판단에 따르도록 저절로 길이 들 터였다.

엡실론은 태아 때부터 추위에 대해서는 부정적 생각, 뜨거움에 대해서는 긍정적 생각을 하도록 배양되고 있다. 태아의 감정까지 조작하고 있었다. 아이들은 출생이 아닌 부화가 되는 인간이 된다. 태어나면 영아기 때부터 조건반사학습을 시킨다. 일종의 조기교육이다. 델타나 엡실론 아기 같은 경우 눈앞에 책하고 꽃을 갖다 놓는다. 아기들이 호기심에 책과 꽃에 손을 대면 격렬한 폭음, 날카로운 사이렌 소리, 비상 종소리와 전기 충격을 준다. 이 교육을 반복되면 아기들은 책과 꽃을 보면 '본능적인 증오'를 가지며 성장하게 된다. 예를 들어 화력발전소에 일할 아이들은 뜨거움에 대한 두려움이 없도록만 설정된다는 말이다.

> 알파 아이들은 회색 옷을 입어요.
> 그들은 너무나 무서울 정도로 총명하기 때문에 우리들보다 훨씬 열심히 일합니다.
> 나는 그렇게까지 열심히 일을 하지 않아도 되기 때문에
> 베타가 되었다는 것이 정말로 굉장히 기쁩니다.

아이들은 성인이 될 때까지 수면 중 기초 계급의식 학습을 한다. 일종의 세뇌 교육이다. 수면 중 반복으로 들은 아이의 마음은 암시들과 하나가 되고, 암시들의 총체는 이성이 된다. 국가에서 마련한 암시는 판단하고 갈망하고 결정하는 이성으로 구성된다. 그래서 계급이 나누어져 있으나 사회에 불만을 가지는 일도, 불행하다고 생각하는 사람도 없다. 태아 때부터 조기 교육을 받아 자신들의 계급에 대한 만족도는 최상이다. 그리고 아이들에게 성교육도 시킨다. 햇살 좋은 날 어린 남녀 아이들을 발가벗겨 성교 놀이를 하게 한다. 이 세계에서 성인 남녀가 4개월 이상 만나면 '멍청이'라고 손가락질을 한다. 매일 다른 남성, 다른 여성과 자유로운 연애를 한다. '모든 사람은 서로 공유해야 한다.' 이것은 '반드시 지켜야 할 원칙'이었다. 이러한 세계였기 때문에 '가족', '어머니', '아버지', '결혼', '임신', '출산' 등이 19금 음담패설이다. 이 단어들을 들으면 역겨워하고 괴로워한다. 그래서 어쩔 수 없이 말을 해야 할 경우, '거시기' 한다. 예를 들어 "그의 거시기(아버지)와 거시기(어머니)가"라고 말이다. '가정'이란 곳은 육체적 · 심리적 · 정신적으로 가장 추

악한 곳이라고 한다.

> 항상 진미의 소마가 마련되어 있어서,
> 반공일을 위해서는 2분의 1그램,
> 주말을 위해서는 1그램,
> 화려한 동양으로의 여행을 위해서는 2그램,
> 그리고 달나라에서 어둠의 영원성을 누리기 위해서는 3그램만 복용하면 그만이지.

이 세계에서 각각 자기 계급에 만족한다고 하나 인간이기 때문에 감정에 빠지게 된다. 그럴 때마다 '소마'라는 약을 먹는다. '소마'는 감정 예방약이다. 길거리에서 아이스크림처럼 먹을 수 있는 소마도 있고, 술처럼 마실 수도 있는 소마도 있다. '소마'가 일반화되어 있는 세상이다. 조금이라도 불만, 불행 등의 감정을 느낄 때 '소마'를 먹으면 행복해진다. 하지만 이 행복은 진정한 행복이 아닌 인위적인 행복이다.

일이 끝나면 '소마'를 먹고 위락시설로 가서 스포츠를 하거나 촉감 영화를 본다. 촉감 영화는 배우가 키스를 한다면 실제로 키스를 하는 느낌을 받을 수 있는 영화다. 그리고 많은 남성과 여성은 자유연애를 즐긴다. 여기서는 '연애' 대신 '유희'라고 표현한다. '연애'는 서로 좋아해서 사랑을 나누는 관계를 말하고 '유희'는 즐겁게 놀며 장난하는 뜻이다. 즉, 남녀 사이는 '유희'이기 때문에 책임도, 의무도, 애정 싸움도 없고 즐길 권리만 있다. 이곳은 굶주림도, 실업, 가난, 질병, 전쟁, 늙음도 없고(젊은 외모로 60세쯤이면 죽는다.) 세뇌 교육으로 죽음에 대한 두려움도 없다.

이곳은 진정한 행복이 존재하는 유토피아일까? 많은 사람들이 궁극적으로 추구하는 목표가 행복이다. 행복은 충분한 만족과 기쁨을 느껴 흐뭇한 상태를 말한다. 모든 사람들이 행복하면 그게 행복이라고 느껴질까? 그런데 기본적으로 '행복'은 상대적 박탈감이 없는 우월감에서 오는 것이 행복이라고 생각한다. 『멋진 신세계』에도 이런 생각을 하는 사람이 있다. 버나드 마르크스였다.

> 나는 그냥 나대로 있고 싶습니다.
> 울적한 나대로가 좋습니다.
> 아무리 즐거울지라도 타인이 되고 싶지 않습니다.

버나드 마르크스는 최상위 계급인 알파 중에서 플러스 알파였다. 그런데 그의 모습은 플러스 알파가 아니었다. 표준 알파보다 8cm가 모자랐고 왜소해서 전형적인 하층 계급의 모습이었다. 사람들은 태아 때 실수로 작업자가 알코올을 들이부어 그랬다는 소문이 있었다. 사람들의 무시와 그로 인한 열등감으로 소외된 인물이다. 그래서 이 세계에 대한 반감도 가지고 있고, 짝사랑하는 레니나를 성적 욕망의 대상으로만 생각하는 남자들에게 불만을 표출하기도 하는 민감한 감수성을 가진 인물이다. 그래서 그는 감정의 충동을 억제하는 것이 싫어 '소마'를 먹지 않는다.

레니나는 베타 계급이지만 아름다운 외모로 인기가 높았다. 그녀는 연애를 통해 많은 곳을 여행했지만 '야만인 보호구역'은 가 보지 못했다. 그곳은 출입금지 구역이었다. 그곳 사람들은 신세계 사람들이 가장 치욕적이고 더럽게 생각하는 결혼, 임신, 출산으로 가족으로 살아가는 곳이다. 그런데 버나드 마르크스는 심리학자여서 '야만인 보호구역'을 갈 수 위치였다. 그녀는 버나드와 같이 여행을 가기로 한다.

> 그녀가 실종되었어.
> (……)
> 나는 그녀의 이름을 소리쳐 부르며 계속 찾아다녔어.
> 하지만 그녀의 자취는 찾을 수가 없었지.
> (……)
> 아마 골짜기로 떨어졌거나 산짐승에게 잡아먹힌 모양이야.
> (……)
> 어쨌든 그것은 끔찍한 경험이었어.

버나드가 '야만인 보호구역' 허가서를 서명 받으러 갔다가 토마스 국장에게 20년~25년 전에 있었던 이야기를 꺼낸다. 그때 베타 여성과 함께 여름휴가로 '야만인 보호구역' 갔는데 그녀가 실종되었다는 것이다.

'야만인 보호구역'으로 간 레니나는 엄청난 충격을 받는다. 오물과 쓰레기 더미, 파리떼 등 처음보는 모습이었기 때문이다.

그때 잘생기고 체격이 아름다운 남자가 영어를 사용하며 자신의 어머니에게 데려간다. 그녀는 다시 충격을 받는다. 살찌고 늙어서 쭈글쭈글한 노인이었기 때문이다. 문명 세계에 살았던 레니나는 '늙음'을 처음 보았기 때문이다. 그런데 그녀는 토마스 국장 두고 온 '린다'였고 남자는 그녀의 아들 '존'이었다. 그들은 버나드 도움으로 문명 세계로 된다.

> 그녀의 겉모습이 문제였다.
> 뚱뚱하고, 젊음을 상실했고, 이가 상했고,
> 안색이 반점으로 얼룩덜룩하고,
> 그리고(포드 님 맙소사!)
> 그 몸집-그녀를 쳐다보기만 해도 사람들은 구역질을,
> 그렇다,
> 정말로 구역질을 느끼지 않을 수가 없었다.

어머니인 린다는 늙은 모습으로 인해 사람들에게 외면을 당하고 소마에 의지해서 살게 된다. 존은 문명 세계에서 주목받아 톱스타가 된다. 하지만 꿈에 그리던 문명 세계는 상식 밖의 세상이었다. 사람이 사람의 계급을 나누고, 유전자를 조작하고, 똑같이 생긴 난쟁이(엡실론)들이 노동하고 있는 모습을 보고 충격을 받는다. 그리고 존은 소설 속에서 '야만인'으로 불린다. 그러던 중 레니나와 사랑에 빠지나 문화가 다르고 사회화 과정이 달라서 사랑 표현 방식이 달랐다. 존은 '야만인' 방식으로 선물과 시, 낭만으로 사랑을 표현하려고 하지만 레니나는 문명

세계 방식으로 성적 유희를 하려고 한다. 존은 문명 세계에 대해 혐오감을 가지게 된다. 설상가상으로 어머니인 린다가 사망하게 되는데 이 과정에서 많은 아이들이 초콜릿 생과자를 먹으며 웃으면서 구경하는 것을 보고 이 세계에 대한 환멸이 더 커지게 된다.

> "그 끔찍한 건 먹지 말아요. 그건 독약이에요. 독약이라고요."
> "육체뿐만 아니라 영혼까지도 죽이는 독약입니다."
> "그걸 버려요. 그 무서운 독약을 모두 버리라니까요."
> '모두 버려요'라는 말이 층층이 여러 겹으로 둘러싼 무의식을 뚫고 델타의 생생한 의식에까지 닿았다.
> 성난 군중이 웅성거리는 소리가 점점 커졌다.

버나드는 사람들에게 '소마'에서 벗어나라고 소리친다. 경찰관들은 동요를 하는 사람들을 향해 분무기로 소마 연기를 뿌리자 동요는 가라앉고 존의 행동은 의미가 없어진다. 그는 무스타파 몬드 세계 총통에게 끌려간다.

> "하지만 난 불편한 편이 더 좋아요."
> "우린 그렇지 않아요." 통제관이 말했다. "우린 편안하게 일하기를 더 좋아합니다."
> "하지만 난 안락함을 원하지 않습니다. 나는 신을 원하고, 시를 원하고, 참된 위험을 원하고, 자유를 원하고, 그리고 선을 원

합니다. 나는 죄악을 원합니다."

"사실상 당신은 불행해질 권리를 요구하는 셈이군요." 무스타파 몬드가 말했다.

"그렇다면 좋습니다." 야만인이 도전적으로 말했다. "나는 불행해질 권리를 요구하겠어요."

"늙고 추악해지고 성 불능이 되는 권리와 매독과 암에 시달리는 권리와 먹을 것이 너무 없어서 고생하는 권리와 이 투성이가 되는 권리와 내일은 어떻게 될지 끊임없이 걱정하면서 살아갈 권리와 장티푸스를 앓을 권리와 온갖 종류의 형언할 수 없는 고통으로 괴로워할 권리는 물론이겠고요."

한참 동안 침묵이 흘렀다.

"나는 그런 것들을 모두 요구합니다."

마침내 야만인이 말했다.

존은 독점, 불평등, 불안정, 불만, 고통도 인간이 누릴 권리인데 왜 빼앗는가? 이건 인간성 말살이 아닌가? 라고 항변한다. 이 대화는 작가가 전하고자 하는 메시지를 응축하고 있다는 생각이 든다.

과학기술과 자본주의 발전이 과연 우리에게 행복만을 가져다주는가?

독점, 불평등, 불안정, 불만, 고통 등이 없는 행복이 과연 완전한 행복일까?

불행도 인간이 누리는 권리가 아닐까? 너무 다른 둘의 이상은 끝내 타협하지 못한다. 결국, 존이 스스로 목숨을 끊는 것으로 『멋진 신세계』는 마무리된다.

『멋진 신세계』에서 진짜 사람은 누구일까? 진짜 사람은 존, 어머니 린다는 50%, 다른 인물들은 모두 제품이라고 생각한다. 자신을 존중해야 상대를 존중할 수 있고, 실패와 고난을 통해 목표를 달성하면 존재로서 삶의 의미를 느낀다. 그런데 이 세계는 살아가는데 필요한 기본적인 욕구는 충족시키지만 매슬로우의 4단계 존경의 욕구, 5단계 자아실현의 욕구는 없는 곳이다.

우리가 꿈꾸는 이상향 유토피아는 존재하지 않을지도 모른다. 각각이 생각하는 이상향은 같은 점도 있지만 다른 점도 있기 때문이다. 우리가 할 수 있는 일은 단 한 가지다. 유토피아를 꿈꾸며 더 나은 세상을 만들기 위해 노력해야 한다는 점이다.

마침내 목표를 이뤘을 때 행복한 것이 아니라,
그 목표를 향해 전진하는 과정 속에 행복이 있다.

■ 생각 쓰기 ■

1. 통제관과 야만인 존의 대화에서 통제관은 사람이 본능에 의해서 무언가를 믿는 것이 아니라 믿게끔 길들여지기 때문에 믿는다고 하였는데 믿음은 본능에 의한 것일까? 아닐까?

2. 사회 문제를 해결하기 위한 국가의 통제는 어느 선까지 허용되어야 할까?

3. 내가 생각하는 유토피아란 어떤 세상일까?

참고문헌

공부 근육 키우는 독서법, 임성미, 더미 그림/만화, 꿈결, 2017

고전 어떻게 읽을까?, 김경집, 학교도서관저널, 2016

난장이가 쏘아올린 작은 공, 조세희 지음, 이성과 힘, 2000

독서의 즐거움, 수전 와이즈 바우어, 이옥진 옮김, 민음사, 2010

데미안, 헤르만 헤세 지음, 김인순 옮김, 열린책들, 2014

메모 독서법, 신영철, 위즈덤하우스, 2019

빌헬름 마이스터의 수업시대, 괴테, 안삼환 옮김, 민음사, 1999

사람은 무엇으로 사는가, 레프 니콜라예비치 톨스토이, 박형규 옮김, 인디북, 2003

「사랑의 재확인」, 최인훈, 『광장/구운몽』 해설, 김현, 문학과지성사, 2010

10권을 읽고 1000권의 효과를 얻는 책 읽기 기술, 이정훈, 비엠케이, 2017

왜 아무도 성냥팔이 소녀를 도와주지 않았을까, 류혜인, 이가서, 2013

[어떻게 살 것인가?] 8강: 톨스토이, 성장을 말하다(석영중 교수), https://www.youtube.com/watch?v=IKZyubdVUIk

인간의 대지, 생텍쥐페리, 김윤진 옮김, 시공사, 2021

스스로 행복하라, 법정, 샘터, 2020

젊은 베르테르의 슬픔, 요한 볼프강 폰 괴테 지음, 유영미 옮김, 푸른숲주니어, 2011

조선에듀, [고진용의 진로진학 멘토링] 독서, 인문학적 소양과 인문학의 역할, 2018.03.07

짐멜의 모더니티 읽기, 게오르그 짐멜, 김덕영 외 번역, 새물결, 2006

카프카 유대인 몸, 최윤영, 민음사, 2012

한국문학의 고전 『광장』, 우찬제, 네이버 지식백과, 2011

햄릿, 윌리엄 셰익스피어, 최종철 옮김, 민음사, 1998

저자 약력

■ 최 중 녀(문학박사)

- 『현장밀착형 취약계층 가족교육 프로그램 개발』(공저, 2014)
- 『장으로 장하다』(공저, 2020)
- 『내가 읽은 책』(공저, 2021)
- 『사랑에 빠진 콩』(2022)
- 『창의적 사고와 글쓰기』(2023)

인문학으로 읽는 세상

초 판 1쇄 인쇄 —— 2024년 9월 5일
초 판 1쇄 발행 —— 2024년 9월 10일

지은이 —— 최 중 녀
펴낸이 —— 전 두 표
펴낸곳 —— 도서출판 두남
서울시 강동구 성내로 6길 34-16 두남빌딩
신 고 : 제25100-1988-9호
TEL : 02) 478-2066, 2067
FAX : 02) 478-2068
E-mail : dnbooks@dunam.co.kr
http://www.dunam.co.kr

정가 18,000원

ISBN 978-89-6414-378-0 03370